アメリカ・キリスト教入門

大宮有博 ［著］

Tomohiro Omiya

キリスト新聞社

はじめに

アメリカのキリスト教を学ぶ意義

アメリカのキリスト教を勉強すると，何かいいことがあるのだろうか。クリスチャン――「キリスト者」とも言う――ならともかく，自分はクリスチャンでもないのに。そう思いながらこの本を開いている方も少なくないはずだ。

それがあるのだ。ほんの少しでもアメリカのキリスト教を知っていると，色々と役に立つ。まず，アメリカのニュースがわかるようになる。例えばトランプ政権は 2018 年に在イスラエル大使館をエルサレムに移したが，これはアメリカを跋扈するキリスト教シオニストひいては宗教右派の支持を得るためである。このきな臭い連中が「白人」のみならずかなり広い層の福音派をトランプ支持に引っ張りこんだのである。日本のニュースは福音派を一枚岩の集団であるかのように扱うが，それは違う。福音派はかなり広範かつ流動的な「層」なのである。またアメリカでの同性婚をめぐる議論は日本での議論と論点がやや異なる。アメリカの議論の背景には宗教（特にキリスト教）があるのだが，それもキリスト教についての一面的な知識では理解できない。なぜなら LGBTQ+ に対する憎悪をかきたてるのもキリスト教であるならば，和解と包括を推し進めるのもキリスト教だからである。

次にアメリカのキリスト教がわかると，映画もよくわかるように

なる。例えば 2017 年のアカデミー賞 2 部門受賞作『ハクソーリッジ』（メル・ギブソン監督：2016 年）の主人公デズモンド・ドスはなぜ銃をとらなかったのか。『ある少年の告白』（ジョエル・エルガートン監督，2018 年）のお父さんはなぜ頑なだったのか。アメリカのキリスト教がわかると，映画の隅々まで楽しめる。

　さらに，アメリカに旅行や留学，移住をするなら，アメリカのキリスト教についての知識が役に立つ。私が大学院で留学した時，到着した日は YMCA ホテルに泊まった。英会話のパートナーは YWCA にアレンジしてもらい，家具や服は救世軍のリサイクルショップで安く手に入れた。他にも，旅先でノリノリの音楽の礼拝に参加したければ，どの教会に行けばいいか……。それもこの本を読めばわかるはずだ。

　このようにアメリカのキリスト教は，「自分はクリスチャンでもないのに……」と思っている人こそが楽しめる分野だと思っている。以下にもう少ししゃちほこばって，アメリカのキリスト教を学ぶ意義について詳しく述べてみる。

アメリカの精神文化を理解するために

　まず，キリスト教——とりわけプロテスタント——は，アメリカの精神文化の基層である。アメリカのマジョリティの世界観・価値観は，キリスト教によって育まれてきた。アメリカ精神の原点をピューリタンに求める人は今でも少なくなく，こういう人たちにとってアメリカは「丘の上の町」でなければならない。こういう考えがアメリカの内政にも外交にも影響してきた。

　マイノリティの文化を理解するためにもキリスト教の知識は不可欠である。例えばアフリカンアメリカンは，キリスト教に自分たちのルーツであるアフリカの宗教文化を受肉させて独自の宗教文化を

開花させた。「黒人音楽」に興味ある人は，こういった知識が必要
になるはずだ。

　19世紀，アメリカは領土を西に拡大し，多くの移民をヨーロッ
パから受け入れた。するとカトリックやオーソドックス（正教会）
がアメリカの宗教に加わった。またヒスパニックやアジアの宗教文
化もアメリカの宗教文化を豊かにした。20世紀後半にはイスラー
ム教と宗教に関心を持たない人々の数が増えて，キリスト教がアメ
リカ文化全体に及ぼす影響力は変化したが，なくなってはいない。
このようにアメリカの宗教とくにキリスト教がわかれば，アメリカ
の精神文化をより立体的に理解できるのは確かである。

日本のキリスト教を理解するために

　日本のプロテスタントの教派の多くは，アメリカの教派や宣教団
体が派遣した宣教師によって始められたものである。多くの教会や
学校，病院，団体のルーツに，アメリカのキリスト者の情熱があ
る。例えば兵庫県西宮市には二つのキリスト教主義学校がある。関
西学院は南部メソジスト監督教会が派遣した宣教師によって，神戸
女学院はアメリカンボードが派遣した宣教師によって建てられた。
さらに同じメソジスト学校でも，関西学院は「南部」，青山学院は
「北部」，名古屋学院は「メソジスト・プロテスタント」である。何
のことかはこの本を読んでいただけばわかる。もう一つ。大阪市に
ある淀川キリスト教病院の法人名は，「宗教法人在日本南プレスビ
テリアンミッション」である。この法人名につく「南」はどこのこ
とか。そして「プレスビテリアン」とは何か。これもこの本を読ん
でいただければわかる。

ニュース（情勢）を理解するために

さらに，アメリカのキリスト教についての知識があれば，アメリカのみならず世界の情勢を分析する際に新たな視点を獲得することができる。宗教はニュースを読むのに必須の知識であることは，もはや言うまでもない。とりわけアメリカの政治や外交はキリスト教に左右される。先に挙げた在イスラエル大使館のエルサレム移転はこの好例である。またアメリカ政府は各国で信仰の自由がどの程度認められているかを調査し，その評価を外交政策に反映させる。この背景には伝道熱心なキリスト教の影響がある。

なぜもう一冊アメリカのキリスト教史の本が必要か

本書は 2006 年に出版した『アメリカのキリスト教がわかる』を土台にして，最初から書き改め，21 世紀について説明する第 12 章を加えたものである。前著『アメリカのキリスト教がわかる』を出版したのには以下のような事情があった。

私が大学生だった 90 年代，日本語で読めるアメリカ・キリスト教史の教科書は曽根暁彦氏の『アメリカ教会史』（日本基督教団出版局，1974 年）しかなかった。しかも絶版となって久しかった。私が大学の非常勤講師としてアメリカ・キリスト教史を教え始めた 2004 年の時点でも，アメリカ・キリスト教史の教科書はなかった。

日本語で読めるアメリカ・キリスト教史の教科書がなかなか出版されなかった最大の理由は，日本の神学教育においてアメリカのキリスト教を扱うことがほとんどないからである。神学校のカリキュラムに，アメリカ・キリスト教史やアメリカ現代神学が入ることはまずない。またキリスト教史の授業でアメリカまでていねいに扱うことも少ない。

　そこで浅学非才を顧みず『アメリカのキリスト教がわかる』を
2006年に上梓した。ところがその前後，アメリカのキリスト教に
関する本が次々と出版され，私の本の役割は一段落ついた。そう思
っていた。しかし，ここで本書『アメリカのキリスト教入門』を上
梓するのには以下のような理由がある。

　第一の理由として，前著から15年以上もの月日が経つと，ア
メリカのキリスト教にも大きな変化があったことが挙げられる。
例えば前著を出版した時点では，長老派（PC[USA]）が同性婚や
LGBTQ+の按手（聖職者になるための儀式）を認める日が来るとは
思わなかった。また宗教に関心を持たない人が増え，主流教派どこ
ろか福音派も信徒の減少と高齢化に直面することになるとも思わな
かった。その81%が2016年の大統領選でトランプを支持した「白
人福音派」という言葉も，15年前にはあまり聞かなかった。

　とりわけ2020年はアメリカの宗教文化の大きな節目と言える。
この年，トランプの4年がひとまず終わった。そしてCOVID-19
が人々のライフスタイルを大きく変えた。どの宗教も対面で礼拝が
行えず，様々な伝道活動も社会活動も制限された。そのため教勢
（信徒数や献金額などから見る教会の力）を大きく失った教派もある。
同じようなタイミングで，ジョージ・マースデンとマーク・ノルも
アメリカ宗教史の教科書を増補改訂しているが，おそらく同じ様に
考えたからではないだろうか。

　第二の理由として，前著『アメリカのキリスト教がわかる』を
「便利な本」と評価して下さる声もいただいたことが挙げられる。
つまり，この本には「だいたいのこと」しか書いていない。また，
キリスト教の専門用語の使用を出来る限り控えた。したがってキリ
スト教をよく知らない方も，この本でだいたいの知識をつかみ取る
ことができる。より深く学びたい方のためには，各章ごとに参考文

献を付した。ぜひ便利な本として活用していただきたい。

誰に読んでもらいたいか

学生の皆さんに

　まず本書は，キリスト教を専門としない大学生向けの教科書として書かれた。例えばアメリカの政治や文化に関心のある学生が，本書を通してアメリカ・キリスト教史の大きな流れをつかんでくれたらと願っている。その流れがつかめたら，次に市民宗教や反知性主義，文化戦争といった概念についても調べ，さらにアメリカ思想や文学，音楽，政治へと学びを広げて欲しい。またキリスト教を専門とする学生は，今さら聞きにくいこと——例えば教派の歴史や教理，カルヴァン主義とアルミニウス主義の論争，前と後千年王国説——を確認する「アンチョコ」として本書を用いて欲しい。さらにアメリカの神学校に留学したい人にとって，本書は留学先探しの参考にもなるはずだ。

社会人の皆さんに

　たまたま学んだ学校がキリスト教主義学校だった方。たまたま就職した病院や社会福祉法人，団体がキリスト教関連だった方。その学校や団体のルーツはアメリカのキリスト教にあるかもしれない。自分の学校や職場のルーツを調べることは発見もあって案外楽しい。本書ではアメリカから派遣された宣教師によって設立されたキリスト教主義学校や団体にはなるべく言及するようにしている。

　またゴスペルを歌っている方やアメリカ映画が大好きな方には，アメリカ宗教史のだいたいの流れをつかんで，さらに音楽や映画を楽しんでいただきたい。また状況が落ち着いて旅行に行けるように

なったら，この本を読んでからアメリカを旅していただきたい。ニューヨークに行かれる方は，ゴスペル体験バスツアーに参加すると，本書での知識が役に立つはずだ。

キリスト者の皆さんに

　キリスト者の皆さんには，本書を通して，自分が所属する教派のルーツや教理の特徴を他の教派と比較しながら理解していただけるよう願っている。また，本書がトランプを支持する白人福音派と一緒くたにされた日本の福音派のイメージを挽回する一助になればと願い，福音派についてはていねいな説明を心がけた。

　本書を通してより多くの方が，アメリカの宗教文化ひいてはキリスト教への理解を深めると同時に，キリスト教に目を向けてくれたらと願っている。

史料集・事典・アトラス

荒このみ編訳『アメリカの黒人演説集』（岩波文庫）岩波書店，
　2008 年。
アメリカ学会訳編『原典アメリカ史』第 1 巻〜第 8 巻，社会史
　など，岩波書店，1950-2008 年。
アメリカ学会編『アメリカ文化事典』丸善出版，2018 年。
大下尚一，有賀貞，志邨晃佑，平野孝編『史料が語るアメリカ
　──メイフラワーから包括通商法まで 1584-1988』有斐閣，
　1989 年。
亀井俊介，鈴木健次監修『史料で読むアメリカ文化史』1 〜 5，
　東京大学出版会，2005-2006 年。
Carroll, Bret E. *The Routledge Historical Atlas of Religion in America.*

New York: Routledge, 2000.

Gaustad, Edwin S., and Philip L. Barlow. *New Historical Atlas of Religion in America.* Oxford: Oxford University Press, 2000.

Gaustad, Edwin S., and Mark A. Noll, and Heath W. Carter, eds. *A Documentary History of Religion in America*, Fourth Edition, Grand Rapids: Eerdmans, 2018.

Griffith, R. Marie. *American Religions: A Documentary History.* Oxford: Oxford University Press, 2007.

Harvey, Paul and Philip Goff, ed. *The Columbia Documentary History of Religion in America since 1945.* New York: Columbia University Press, 2005.

Kurian, George Thomas and Mark Lamport, eds. *Encyclopedia of Christianity in the United States.* 5 vols. Lanham: Rowman & Littlefield, 2016.

Laderman, Gary and Luis León, eds. *Religion and American Cultures: Tradition, Diversity, and Popular Expression.* 4vols. Second Edition. Santa Barbara: ABC-CLIO, 2015.

Lippy, Charles H. and Peter W. Williams, eds. *Encyclopedia of Religion in America.* 4 vols. Washington D.C.: CQ Press, 2010.

Mathisen, Robert R. *Critical Issues in American Religious History: A Reader.* Waco: Baylor University Press, 2001.

Sernett, Milton C., ed. *African American Religious History: A Documentary Witness.* Durham: Duke University Press, 1999.

Warner, Michael, ed. *American Sermons: The Pilgrims to Martin Luther King Jr.*, New York: the Library of America, 1999.

アメリカ・キリスト教史（通史）・アメリカ宗教思想

コーネル・ウェスト著，秋元由紀訳『コーネル・ウェストが語るブラック・アメリカ——現代を照らし出す6つの魂』白水社，2016年。

ダイアナ・L・エック著，池田智訳『宗教に分裂するアメリカ——キリスト教国家から多宗教共生国家へ』明石書店，2005年。

大類久恵『アメリカの中のイスラーム』（寺子屋新書）子どもの未来社，2006年。

エドウィン・S・ガウスタッド著，大西直樹訳『アメリカの政教分離——植民地時代から今日まで』みすず書房，2007年。

木鎌安雄『アメリカのカトリック——史的展望』南窓社，2000年。

栗林輝夫「第一章　アメリカのキリスト教」『総説　キリスト教史3』日本キリスト教団出版局，2007年，21-116頁。

栗林輝夫『アメリカ大統領の信仰と政治——ワシントンからオバマまで』キリスト新聞社，2009年。

栗林輝夫，大宮有博，長石美和『シネマで読むアメリカの歴史と宗教』キリスト新聞社，2013年。

ハワード・モーリー・サッカー著，滝川義人訳『アメリカに生きるユダヤ人の歴史』上・下巻，明石書店，2020年。

J・H・スマイリー著，山口俊夫訳『長老派の歴史』教文館，2006年。

高柳俊一・松本宣郎編『キリスト教の歴史2　宗教改革以降』山川出版社，2009年。

ケネス・タナカ『アメリカ仏教——仏教も変わる，アメリカも変

わる』武蔵野大学出版会，2010 年。

マーク・A・ノール著，赤木昭夫訳『神と人種——アメリカ政治を動かすもの』岩波書店，2010 年。

ディヴッド・L・ホームズ著，岩城聰訳『アメリカ聖公会小史』かんよう出版，2018 年。

松岡正樹他『見えてくるバプテストの歴史』関東学院大学出版会，2011 年。

森本あんり『キリスト教でたどるアメリカ史』（角川ソフィア文庫）KADOKAWA，2019 年。

ジェニファー・ラトナー＝ローゼンハーゲン著，入江哲朗訳『アメリカを作った思想——五〇〇年の歴史』（ちくま学芸文庫）筑摩書房，2021 年。

Gaustad, Edwin S., and Leigh Schmidt. *The Religious History of America: The Heart of the American Story from Colonial Times to Today*. San Francisco: HarperOne, 2004.

Koester, Nancy. *Introduction to the History of Christianity in the United States*. Revised and Expanded Edition, Minneapolis: Fortress, 2015.

Marsden, George M. *Religion and American Culture: A Brief History*. Third Edition. Grand Rapids: Eerdmans, 2018.

Noll, Mark A. *A History of Christianity in the United States and Canada*. Second Edition. Grand Rapids: Eerdmans, 2019.

目　次

第1章
イギリス人植民地の誕生とピューリタン

ヴァージニア

イギリス人入植前に北アメリカにやって来たヨーロッパ人

　イギリス人が入植する以前から，北アメリカには多くのヨーロッパ人が入植を試みていた。まず，スペイン人探検家エルナンド・デ・ソトは，1539年にフロリダに上陸し，ミシシッピ川にたどり着いた。また1560年代にはフランスのユグノー派（プロテスタント）が現在のサウスカロライナに入植し始めた。しかし，このユグノー派の入植はうまくいかなかった。16世紀後半になるとスペイン人が現在のフロリダ州やサウスカロライナ州あたりを一時的に植民地化した。

　他にも，フランス人は16世紀頃から現在のカナダで探検や交易を行っていた。1608年にはサミュエル・ド・シャンプランがセントローレンス川の北に上陸し，その土地をケベックと名付けた。17世紀になると植民地化が進み，現在のメキシコからテキサス，そしてカリフォルニアあたりまでがスペイン領になっていた。このように，イギリス人が北アメリカにやって来た時には，すでに多くのヨーロッパ人——そのほとんどがカトリック——がいたのである。

イギリス人による最初の植民地

では，イギリス人による入植はいつ始まったのか。これは 1607 年にジェームズタウンという植民地が建設されたところから始まった。処女王と呼ばれたエリザベス 1 世にちなんで，この地はヴァージニアという名前になった。

このジェームズタウンには先住民伝道のため，そしてイギリス人入植者のために，イギリス国教会の司祭が同行した。この地での宗教活動は厳格に行われていたようである。ジェームズタウンの初期の法律によると，植民地では毎週日曜日の礼拝が義務付けられ，怠った者には罰が科せられていた。これは当時すでにイギリス本国で広まっていたピューリタン主義の影響である。

ヴァージニアをはじめとしたアメリカ南部の植民地では，植民地政府がイギリス国教会を公定教会（政府の予算で支えられる教会）として認めていた。

本当は悲劇だったポカホンタス

ディズニーの 1995 年公開の映画『ポカホンタス』はご存知だろうか。この物語はジェームズタウンでの実話に基づいている。ただし，ディズニー映画では美しい恋物語に仕立てられているが，実際のポカホンタスの生涯は「悲劇」である。

ジェームズタウンの建設直後，探検に出かけたジョン・スミスは，先住民族ポウハタン族に捕らえられ，殺されそうになった。その時にスミスの命乞いをしたのが，ポウハタン族の首長の娘で，当時 10 歳だったポカホンタスであった。

彼女はこの事件後，先住民とイギリス人の仲を取り持っていたが，それでも戦闘は避けられなかった。1613 年，イギリス人たち

ノバスコシア

メイン

●──ポートランド

ケンブリッジ●　●──セイラム
　　　　　　　●──ボストン
　　　　　　　●──プリマス
　　　　　　　●──プロヴィデンス

ペンシルヴァニア　●──ニューヘイブン
　　　　　　　●──ニューヨーク
　　　　　　　（ニューアムステルダム）
　　　　　●──フィラデルフィア

　　　●──ボルティモア
　　●──ワシントン

ヴァージニア　　●──ジェームズタウン

植民地の主要都市

はポカホンタスを人質として，先住民による攻撃を抑えるという一
計を案じた。彼女は捕らえられた後，英語やイギリス流の生活習慣
を強いられ，またキリスト者となるための教育を施された。翌年，
彼女は洗礼 [1] を受けてキリスト者となり，タバコ栽培を始めようと
していたジョン・ロルフと結婚させられた。

　1626 年，ロルフはイギリス本国からの投資を得るために，ポカ
ホンタスと息子トマス，そして 12 人のポウハタン族を伴ってイギ
リスに渡った。ポカホンタスは国王や王妃，そしてカンタベリー大
主教などと謁見し，人々からも大いに人気を博した。

---

　1)　洗礼とは，キリスト教入信にあたって，水を注がれるか水に浸されると
いう象徴によってイエスの死と復活に参与する儀式である。洗礼を受ける人は
イエス・キリストの福音を信じる信仰告白をする。

22

ポカホンタスの洗礼式

この時彼女に洗
礼を授けた司祭ア
レクサンダー・ホ
イテッカーもポカ
ホンタスを利用し
て，より多くの司
祭を先住民伝道の
ために派遣するよ
う本国に嘆願して
いる。現に先住民
の中にはキリスト教に改宗する者もいた。しかし，この派遣要請は
失敗に終わった。ポカホンタスはイギリス滞在中に亡くなり，先住
民とイギリス人との関係は急速に悪化していくことになる。

　ポカホンタスについて書かれた史料は少なく，彼女自身の証言が
存在しない。そのため彼女の生涯については謎に包まれた点が多
い。

ピューリタンよりも1年早かったアフリカ人のアメリカ上陸

　ピューリタンがアメリカにやって来る1年前の1619年，20人
のアフリカ人がジェームズタウンで入植者に売り渡された。これが
アメリカの歴史に登場する最初のアフリカ人である。これを皮切り
に，南部のプランテーションにおける深刻な労働力不足を補うため
に，アフリカ人が次々に投入された。彼らは大西洋を横断する奴隷
貿易が禁止される1808年まで，西アフリカからカリブ海地域を経
由してアメリカに連れて来られていた。

　西アフリカの宗教文化は，先祖崇拝やいわゆるアニミズムを基調
としながらも部族ごとに多種多様であった。また西アフリカではイ

スラーム教も広まっていたし，コンゴ王国ではキリスト教も広まっていた。よってアフリカから連れて来られた人々の中には，ムスリムやキリスト者も含まれていたと考えられる。

　アフリカ人奴隷はプランテーションで，自分たちの踊りや歌，太鼓を用いた儀式を行った。また彼らの中には恍惚状態において神と対話し，そのメッセージを人々に伝える預言者の役割を果たす者もいた。こうしたアフリカの宗教文化は世代を経て，キリスト教と混合して独自の宗教文化となった（Slave Religion）。

ピューリタンとマサチューセッツ

ピューリタンの誕生

　ニューイングランドを建設したピューリタンのルーツは 16 世紀のイギリスにある。1534 年，ヘンリ 8 世（位 1509-47）が首長法を発令し，ここにイギリスの宗教改革が始まる。ヨーロッパの教会は教皇を主権者としていたが，この首長法によってイギリス国内の教会は国王を主権者とするようになった。この改革の動機は，国王の離婚を教皇が認めなかったという非宗教的な事情によるものであった。そのためイギリス国教会の職制や礼拝，教えは，ローマ・カトリック教会の頃とあまり変わらなかった。

　しかしヘンリ 8 世の死後，エドワード 6 世（位 1547-53）の時代になると『一般祈祷書』が制定されるなど，ルターやカルヴァンの宗教改革の流れに国教会を近付ける試みがなされた。もっとも，エドワード 6 世の治世は 6 年とあまりにも短かった。

　次に王位を継いだメアリ 1 世（位 1553-58）は，イギリスの宗教改革の発端となったヘンリ 8 世の離婚問題で離縁された妻の子であった。彼女はイギリス国教会をローマ・カトリック教会に再統合

し，それに抵抗するプロテスタントを徹底的に弾圧した。そのため多くの殉教者が出て，彼女は「血のメアリ」と呼ばれた。

この弾圧を避けるため，ヨーロッパ大陸に亡命する者もいた。亡命者の一部は，当時カルヴァンらによって宗教と市政の改革が進行中であったジュネーブに逃れた。彼らはそこでカルヴァン主義の強い影響を受けた。後にスコットランドの宗教改革で重要な役割を果たすジョン・ノックスもこの中に含まれていた。これがピューリタンのルーツとされている。

メアリの死後，エリザベス1世（位1558-1603）が王位を継承した。彼女はヘンリ8世がメアリ1世の母と離婚した後に再婚した妻の子である。彼女は即位すると首長法を復活させた。さらに統一法（1559年）を発令し，共通祈祷書の使用によって礼拝の形式を統一した。

しかしエリザベス1世によるイギリス国教会の改革は，プロテスタント的なものとカトリック的なものとの中道であった。イギリス国教会の教理内容をまとめた『39箇条』（1563年）にはカルヴァン主義が取り入れられ，主教制や礼拝形式についてはカトリック時代のままであった。

そのためエリザベス1世の即位後に帰国した亡命者たちは，イギリス国教会に残るカトリック的な残滓を一掃し，カルヴァン主義による教会の改革を推進しようとした。彼らは「ピューリタン」と呼ばれ，その数は増えていった。

エリザベス1世の次代の王であるジェームズ1世（位1603-25）は，カルヴァン主義者による宗教改革が進んでいたスコットランドの出身であった。しかしイギリス国王即位後は，エリザベス1世の宗教政策である「中道主義」による国教会を守った。ただしピューリタンとの妥協点として，英語訳の聖書——この聖書は「欽定

訳」（King James Version）と呼ばれる——を作らせている。

ピューリタニズム vs. アングリカニズム

　プロテスタントとカトリックのバランスを取ろうとすることを
「中道主義」（via media）と呼ぶ。エリザベス1世以降の国王は，カ
トリック的な教会を望む国民と，教会のプロテスタント化を望む国
民の双方を包括しようとした。しかしピューリタンは，この中道主
義を批判することによって自らの神学を先鋭化したのである。これ
に対してイギリス国教会側は，中道主義こそ国教会のあるべき姿だ
と主張した。イギリス国教会の伝統を汲む聖公会の神学をアングリ
カニズム（Anglicanism）と呼ぶ。このアングリカニズムの原理が中
道主義である。

分離派ピューリタンのプリマス上陸

　こうして生まれたピューリタンは，主に分離派と非分離派の2
つの流れに分かれた。分離派とは，イギリス国教会から分離・独
立して独自の集会（congregation）を形成しようとしたグループであ
る。そのため分離派は，イギリス当局から激しく弾圧された。イギ
リス政府は国民を国教会のもとに統一したかったからである。

　分離派の一部は弾圧を避けるため，1608年にオランダに亡命し
た。彼らはオランダのライデンで10年以上暮らしたが，30年戦争
（1618-48年）によってヨーロッパ大陸の情勢が不安定になったこと
や，不慣れな都市での生活に限界を感じたこと，子どもたちに母国
の言語と文化で教育を受けさせたいという希望が高まったことなど
から，メイフラワー号で北アメリカに向かった。1620年12月，
彼らは困難な旅の末，プリマスに上陸した。後に彼らは「巡礼始
祖」（Pilgrim Fathers）と呼ばれることになる。

メイフラワー号の乗船者 102 人のうち，ピューリタンは半数に満たなかった。乗船者の多くは，貧困から逃れるために植民地に向かおうとする年季奉公人や雇い人であった。そのためアメリカ行きの目的が，彼らとピューリタンとでは異なっていた。ピューリタンたちは彼らを「よそ者」(strangers) と呼んだ。

そこで，アメリカ上陸にあたって両者の間を調停するために「メイフラワー契約」(Mayflower Compact) が結ばれた。この契約の中で彼らは，「正当かつ公正な法律，法令，条例，憲法，官職を必要」[2] に応じて制定し，これを尊重することによって新しい市民国家を形成することを誓っている。

非分離派ピューリタンのボストン建設

他方，非分離派ピューリタンはイギリス国教会の不十分な改革を批判しながらも，国教会の統一性は尊重してそこに留まり，内部から国教会を改革しようと試みた。

非分離派は，ジェームズ 1 世が国王に即位した暁には国教会が一気にプロテスタント化されると期待していた。しかしこの国王も中道主義を貫いたため，彼らは大いに失望した。

ジェームズ 1 世の後を継いだチャールズ 1 世（位 1625-49）は，反ピューリタンのロンドン主教ウィリアム・ロードを側近に選んだ。ロードはピューリタンに対する対抗策として礼拝での祈祷書の使用を強制し，地方牧師に対する管理も強化した。この頃国王と議会の間の対立が深まり，イギリスの政情は不安定になった。こうした状況下で彼らは非協調主義者（Non-Conformist）・国教会反対者

---

2)　「メイフラワー契約」は，遠藤泰夫編『史料で読むアメリカ文化史　第一巻』東京大学出版会，2005 年，82 頁。

（Decenter）と呼ばれるようになった。

　こうなってくると国教会内に留まっていた非分離派も，国教会の改革に見切りをつけてアメリカに渡ることを決意せざるを得なくなった。彼らは国王から特許状を得てマサチューセッツ湾会社を設立し，1630年にアーベラ号を含む12隻の船団でボストンへ向かった。約1100人がこの船団でアメリカに渡ったのである。

　ところで，ボロ船メイフラワー号に乗ってやって来た分離派ピューリタンのほとんどは労働者や農民であった。それに対して非分離派ピューリタンは主に富裕層で構成されていた。そのため非分離派ピューリタンは自分たちの富と地位を使い，特許状を得て立派な船団を整えることができたのである。

ウィンスロップの説教「キリスト教的慈愛のひな形」

　マサチューセッツ湾会社の総督ジョン・ウィンスロップ（John Winthrop, 1588-1649）は，アーベラ号乗船に先立ち「キリスト教的慈愛のひな形」と題された説教を行った[3]。彼は，アメリカに旅立つピューリタンは「神との契約に入った」のだとし，自分たちの使命は世界中の人々の模範となるような「丘の上の町」（マタイによる福音書5章14節）を建設することであると述べた。

　契約という言葉がこの説教のキーワードである。神と契約を結んだ彼らは，神の法と意志に基づく社会を形成するのである。それはすなわち，キリスト教的慈愛の精神に基づいた社会である。ウィンスロップは説教の最後に，申命記30章のモーセの別れの言葉に触れて次のように述べている。

---

　3)　「キリスト教的慈愛のひな形」は，『史料で読むアメリカ文化史　第一巻』，88-97頁。

「われわれは今日，主なる神を愛し，互いに慈しみ合い，神の道を歩み，神の戒めと定めとおきて，また神と交わした契約の条項を守ることを命じられた。それによってわれわれが生きながらえ，その数を増やすことができるように。そして，われらの主なる神が，われわれが行って取得する地で祝福を与え給うように。しかし，もしわれわれが心を背けて聞き従わず，誘惑に負けて，快楽と利益といった他の神々を礼拝し，それらに仕えるなら，今日，われわれは告げられるであろう。この広大な海を渡って取得する良き地でわれわれは必ず滅びるであろうと」[4]。

「神の定めとおきて」に従えば繁栄するが，それに反すれば滅びるという考え方は，旧約聖書における神とイスラエルの民との間の契約にならった考え方である。イスラエルが神の民として契約を結んだのと同様に，自分たちも神との間に契約を結んで「新しいイスラエル」となったと彼らは理解したのである。

このウィンスロップの説教に出てくる「丘の上の町＝アメリカ」は，今日でもアメリカの理念として生き続けている。ウィンスロップのこの説教を最も愛した大統領といえば，「強いアメリカ」の再現を掲げたロナルド・レーガンだ。彼はウィンスロップの説教を，重要な演説の中でたびたび引用した。離任演説では，在職中にアメリカを「丘の上に輝く町」に復興したと宣言した。彼の中南米政策で，親米軍事政権と闘う民主化運動家が殺されたが，それもアメリカが「丘の上の町」としての役割を果たしたからということになる。レーガンの葬儀ではこのウィンスロップの説教が朗読された。

---

4)　前掲書，96頁。

ピューリタンはカルヴァン主義から生まれた

　ピューリタン神学は，基本的にはカルヴァン主義である。カルヴァン主義には「聖書のみ」，そして「絶対的主権者としての神」という二つの原理がある。

　「聖書のみ」の原理とは，聖書のみをキリスト者の生活と信仰の規範とする考え方である。これには教皇を頭とするローマ・カトリック教会に対する挑戦が込められている。例えば，ピューリタンはクリスマスを祝うことを禁じた。それはクリスマスを祝うことは聖書のどこにも書かれていないし，それは彼らの目にはカトリックの残滓に過ぎないからである[5]。

　「絶対的主権者としての神」の原理とは，この世界に存在するものはすべて神により創造され，治められ，守られているとする考え方である。神の支配は人間社会のすべての営みに及んでいるため，人間は神が定められたことに逆らうことはできない。誰が救われるかは，あらかじめ神が決められているのである（予定論）。この原理からピューリタンは，この世界が教会の領域と世俗の領域にわけられていることを認めつつも，世俗的権力も神によって定められたものでなければならないと考えていた。

　このカルヴァン主義の二大原理を，アメリカでの新たな社会の建設において彼らは実現しようとした。まず「聖書のみ」の原理から，神が預言者を通して支配するイスラエルを，自分たちが築く社会のモデルとした。

　また「絶対的主権者としての神」の原理から，植民地で指導的役割を果たすべきは聖徒（saints）であると考えた。聖徒とは幼児期

5)　この点は，大宮有博「アメリカのクリスマス」嶺重淑他編『よくわかるクリスマス』教文館，2014 年を参照。

カルヴァン主義とアルミニウス主義との比較
（いわゆるカルヴァン主義のチューリップ）

カルヴァン主義（『ドルト信仰基準』より）		アルミニウス主義 （『レモンストラント五条項』より）
Total Depravity	「全的堕落」 人は完全に堕落しており，自分の意志では神に仕えることを選べない。	「自由意志」 人は新しく生まれなければならない。
Unconditional Election	「無条件的選び」 神は無条件にある人を救いに，ある人を滅びに選ぶ。	「条件的選び」 神は御子イエス・キリストを信じ，その信仰に留まるものを救う。
Limited Atonement	「限定的贖罪」 キリストの贖いは救いに選ばれた人のためだけにある。	「普遍的贖罪」 キリストはすべての人の救いのために死にたもうた。したがって，すべての人が信仰によって救われうる。
Irresistible Grace	「不可抗的恩恵」 予定された人は神の恵みを拒むことはできない。	「可抗的恩恵」 人は神の救いの恵みを拒むことができる。
Perseverance of the Saint	「聖徒の堅忍」 救いに選ばれた人は最後まで信仰を固く守って耐え忍び，必ず救われる。	「恩恵から転落する可能性」 キリスト者が恵みから脱落することはあり得る。

アルミニウス主義者が定めた『レモンストラント五条項』に対抗して，カルヴァン主義者（長老派，改革派，ピューリタン［組合派］）はドルト会議で自分たちの信仰の基準を５条項にまとめた。この五つの条項は，その頭文字をとって TULIP という語で表す。

に洗礼を受けただけでなく，成人してから会衆の前で，神の恵みにより救われた経験を述べた者のことである [6]。この聖徒は，聖書の

6）　この聖徒としての告白の記録は『史料で読むアメリカ文化史　第一巻』264-275 頁に所収。

教えに従って敬虔な生活を送る者である。ボストンでは聖徒のみが選挙権を持っていた。1643 年のマサチューセッツ湾植民地の人口約 15,000 人中，選挙や行政に携わることができたのは 1,708 人に過ぎなかった[7]。こうした政策は「聖なる実験」と考えられていた。

しかし，この「実験」には反発の声もあった。1646 年には選挙権をすべてのイギリス人に拡大せよとの要求がマサチューセッツ総会議に提出された。しかし，この要求を行った者は反逆罪で逮捕・投獄され，罰金刑が科せられた。

ピューリタンは厳密な道徳的ルールを敷き，違反者たちを厳しく罰した。またピューリタンは自分たちの信仰に異議を唱える者たちに対しても厳しかった。後述するロジャー・ウィリアムズやアン・ハッチンソンはボストンを追放された。バプテストやクエーカーの中には，追放どころか処刑される者もいた。

半途契約

世代交代を重ねるうちに，回心経験を告白し「聖徒」と認められるピューリタンの数が減っていった。これでは選挙権が拡大しなくなる。また聖徒となれなかった者の子どもが洗礼を授けてもらえないという事態も起きていた[8]。

そこで 1662 年，「半途契約」（the Half-Way Covenant）という妥協

---

7)　この数は柳生望『アメリカ・ピューリタン研究』日本基督教団出版局，1981 年，38 頁。

8)　多くの教会では伝統的に生まれたばかりの子どもに洗礼を授ける幼児洗礼を行っている。ピューリタンも子どもを神の契約に参与させるとして，幼児洗礼を行った。その場合，父母が本人の信仰告白を代行した。しかし，自分の回心経験を告白していない父母はそれができなかった。後述するが，バプテスト派は本人による信仰告白に基づかない幼児洗礼を否定する。

ニューイングランドでのピューリタンの礼拝。

案が出された。洗礼は受けてもまだ回心の経験を告白していない者は，回心への道半ばであるという意味で「半途契約」とされた。これにより回心経験を告白していない者の子どもも洗礼を受けられるようになった。しかし半途契約の者は聖餐[9]にあずかれず，教会の事柄に関する選挙権も持てなかった。

　1691 年，イギリス本国はマサチューセッツ湾会社に与えた特許状を破棄した。これによりピューリタンは，マサチューセッツの政治や商業を独占できなくなった。これ以降は国王が総督を任命し，選挙権は宗教ではなく財産に基づいて付与された。

セイラムでの魔女裁判

　このマサチューセッツ湾会社の特許状破棄から 1 年後に起きたのが，「セイラム魔女裁判」（1692-93 年）である。1692 年 3 月，ボ

　9）　聖餐式とは，キリストの死と復活を記念して，パンとぶどう酒を分け合って食べる儀式である。カトリックでは「ミサ」と呼ぶ。キリスト教ではこれをイエス自身が制定した儀式として大切にしている。カルヴァン派の流れを汲むピューリタンにとって聖餐式は，神によって予定された救いの選びにあることを確かめる契約のしるしでもあったので，回心の経験を告白した者だけが参与できた。

ストンから20キロほどの所にあるセイラム村に住む少女数人が交
霊会後に突然暴れ出し，奇妙なふるまいを始めた。大人たちはこれ
を魔女の仕業だと恐れ，少女たちを拷問し，誰が彼女たちに魔術を
かけたのか厳しく問いただした。そして少女たちが近隣住民の何人
かを名指ししたのを発端に，セイラムのみならずその周辺でも告発
合戦が繰り広げられた。魔女の嫌疑で拘束された者が150人，処
刑された者は19人。告発された人々はもちろん無実。無実の人々
が有罪とされ，処刑されたのである。

ピューリタンの伝統を継承した組合派教会

　このピューリタンの伝統を受け継いだ教会を組合派（Congrega-
tional Church）という。この名称はエリザベス1世の不徹底な改革
に不満を持ったピューリタンのグループが，教会や国家から独立し
た完全自治の集会（congregation）を形成したことに由来する。
　組合派は基本的にはカルヴァン主義の神学を継承しているが，教
会組織の点では他のカルヴァン主義の教会と少し異なっている。
　スイスやスコットランドなどのカルヴァン主義の教会は，一般に
長老派教会と呼ばれる。そこでは信徒の代表者である数名の長老が
説教者である牧師とともに長老会（小会）を組織して，各個教会を
統治している。またそれぞれの教会は独立しておらず，教会地域
（教区）をまとめる会議（中会）・全国組織（大会）の意思決定に拘
束されていることが特徴である（57頁参照）。
　これに対して組合派の場合，長老は権力を持たず，教会員全体の
合議によって各個教会は意思決定を行う。また各個教会は独立・自
治を維持して，教区に長老派ほどの拘束力はない。
　第10章で述べるが，組合派は現在いくつかの教派と合同して，
最もリベラルな教派である合同キリスト教会（the United Church of

Christ）として存在している。

ハーヴァード大学

　非分離派ピューリタンの中には，オックスフォード大学やケンブリッジ大学を卒業した者が多かった。彼らは移住したマサチューセッツでも聖書の教えと教養を大切にする伝統を築いた。彼らは自分たちの教会の牧師も豊かな教養を備える人物であることを望んだ。

　そこで 1636 年，マサチューセッツの議会は大学（college）の設立を決定した。このように入植して間もなく大学を建設したのは，牧師になるにしてもその他の世俗の職に就くにしても，それにふさわしい教養教育を若い世代に授けるためであった。したがって大学で教えられた科目も，ギリシャ・ローマの古典や科学を中心としたリベラル・アーツが中心であった。

　この大学は，多額の献金と蔵書を寄贈した牧師ジョン・ハーヴァードにちなんでハーヴァード・カレッジと名付けられた。そしてこの大学の建つ地は「ケンブリッジ」という地名になった。

　ピューリタンは自分たちの信仰を聖書に即したものにすると同時に，理性的なものにしようとした。このような高度な教育を受けた牧師による説教はかなり難しい内容で，相当の教養がなければ理解できなかった。そうしたことからハーヴァードで学んだ知識人がピ

草創期のハーヴァード大学

ューリタン社会でリーダーシップを取るようになると，こうした知識人に対する反発も民衆の中に芽生えた。

ロジャー・ウィリアムズとロードアイランド

「信仰の自由」が守られたロードアイランド

　ピューリタンは新天地に自分たちの植民地を建設することで，自分たちの信仰の自由を得た。しかし彼らは自分たちの土地で，自分たちを批判する者や自分たちとは異なる信仰に対しては徹底して不寛容であった。例えばロジャー・ウィリアムズ（Roger Williams, 1603-83）やアン・ハッチンソン（Ann Hutchinson, 1591-1643）らはピューリタン主義を批判したために，マサチューセッツから追放された。

　ロジャー・ウィリアムズは1631年，ピューリタンに対する迫害から逃れるためにボストンにやって来た。到着するとただちに，彼はボストンの教会の牧師に就任するよう要請された。しかし彼は，ボストンの非分離派ピューリタンの教会がイギリス国教会と明確に分離されていないとして，これを断った。その後ウィリアムズはプリマスに移り，牧師の助手になった。

　ここで彼は先住民と良好な関係を築き，彼らの言葉や習慣を学び，植民地の土地はイギリス国王からではなく先住民から譲り受けるべきものであると主張し始めた。その後，彼はセイラムに移り住んだ。しかし彼はイギリス国教会の牧師であった者がマサチューセッツで説教をすることを批判し，政治と宗教の分離を主張した。マサチューセッツの指導者たちは彼の考えを危険なものとみなし，1635年10月にマサチューセッツからの退去を命じた。彼は翌年，先住民から譲り受けた地にプロヴィデンスという名の町を作った。

ここからロードアイランドが生まれる。ここでは信教の自由と国家と宗教の分離が徹底された。

アン・ハッチンソンは，牧師の説教について話し合う集まりをボストンの自宅で開いていた。当初は女性だけの集まりであったが，しばらくすると男性も集まるようになった。彼女はこの集会で，一部の牧師が人間は神の一方的な恵みによって救われることを語らず，むしろ善行（道徳的な生活を送ること）によって救われるかのように説教していると批判するようになった。このような彼女の言動には，法秩序に従わないという意味の「アンチノミアン」（antinomian）というレッテルが貼られた。1638年にはついにマサチューセッツから追放され，彼女は仲間とともにロードアイランドに移り住んだ。

ロードアイランドには他にも，マサチューセッツを追われたクエーカーやオランダからやって来たユダヤ人までもが住むようになった。

バプテスト派の起源

バプテスト派のルーツを説明するのはなかなか難しい。ここではジョン・スマイス（John Smyth, 1554[?]～1612）の生涯を通して説明する。

スマイスはもともと，イギリス国教会の聖職者であった。1602年にイギリス国教会の主教制を批判し，教会の職を追われて分離派ピューリタンに加わった。オランダのアムステルダムに亡命したスマイスは，そこで他の亡命者とともに灌水礼──頭や額に水を垂らす「滴礼」とも，全身を水に沈める「浸礼」とも異なる，水をかけるというもの──によるバプテスマを改めて受けた。この後，彼は

メノナイト派[10] に傾倒する。

　このスマイスのグループの一部は，スマイスが客死した後，キリストの贖罪を信じるすべての人が救われるとする「ジェネラル・バプテスト」を形成する。またオランダに亡命した別のグループから，キリストの贖罪はあらかじめ定められた人々にのみ与えられるとするカルヴァン主義の「パティキュラー・バプテスト」が生まれた。

　この「ジェネラル」と「パティキュラー」に共通しているのは，国家と国教会から独立した「自立教会」を求め，国教会に任命された司祭（牧師）と，国教会によって行われる幼児洗礼を完全に否定する姿勢であった。こうした点は，ウィリアムズの主張にも通じるところがあった。なお，アメリカで拡大したのは「パティキュラー・バプテスト」であって，「ジェネラル・バプテスト」は少数である。

バプテスト派とウィリアムズ

　バプテスト派も信仰の自由を求めてアメリカにやって来た。しかし彼らはマサチューセッツではピューリタンに，また南部の植民地では国教会によって迫害された。ロードアイランド植民地プロヴィデンスが，彼らにとって最初の安住の地となった。

　ウィリアムズは彼らの意見を取り入れ，1639 年には互いに浸礼方式のバプテスマを受けた。ここにバプテストの原理——国家と国教会からの独立と，自由意志による浸礼のバプテスマを受けた信者による自治——に則った教会がアメリカに誕生した。

10）　オランダのメノー・シモンズによって創設された絶対平和主義に立つ再洗礼派。

バプテスト派の原理

　ここでバプテスト派の原理をまとめておく。彼らはカトリックやイギリス国教会が行っている幼児洗礼を否定し，個人の信仰の告白に基づいたバプテスマ（洗礼）のみを入信の儀礼として認めた。そのバプテスマは，全身を水に浸ける浸礼方式でなければならない。またバプテスト派にとって教会の構成員は洗礼を受けた教会員個人であり，成員は皆平等で，牧師も教会の意思決定をする際には，一教会員として扱われる。各個教会は完全に独立しており，教会同士で協力するが上部組織に拘束されることはない（各個教会主義）。

ウィリアム・ペンとペンシルヴァニア

クエーカー

　クエーカーは正式には友会（the Society of Friends）またはフレンド派と呼ばれる。これは 17 世紀のイギリスで始まった。彼らはすべての人の心の内に神の力が働いていると説いた。これを「内なる光」（inner light）と言う。神は人の魂に直接語りかけ，人も神に直接語りかけることができると信じ，礼拝も神の働きかけを沈黙の中で待つものであると考えた。また，彼らは極力質素な生活を送った。

　伝道活動の結果，1650 年代には彼らの教えに共感する人々の集会がイギリス全土に広がっていった。クエーカーはイギリス国教会が典礼や職制といった形式的なことにばかりこだわるのを批判した。そのためイギリス国教会は，クエーカーに対する迫害の手をゆるめなかった。この迫害は 1689 年 5 月に寛容令が出されるまで続いた。その間，5000 人にも及ぶクエーカーが投獄され，その一割

近くが獄中で亡くなっている。

　1656年以降にマサチューセッツに入ったクエーカーは，そこで追放や鞭打ちの刑にあった。また少なからぬクエーカーがボストン・スクエアの絞首台の露と消えた。

　そのため彼らは信教の自由のあるロードアイランドに逃れた。しかし，そこも彼らにとって居心地の良い場所とは言えなかった。この時代のクエーカーは，自分たちが安心して信仰を実践できる地を探し求めていた。

ウィリアム・ペン

　ウィリアム・ペン（William Penn, 1644-1718）はオクスフォードで学んでいる頃にクエーカーの信仰に触れ，入信した。1681年，国王が彼の父に残した債務の代償として取得した土地にペンシルヴァニア植民地を開き，フィラデルフィアを建設した。ちなみにペンシルヴァニアとは「ペンの森」という意味である。彼は先住民と良好な関係を保ち，土地を交渉によって彼らから購入した。また入植者は勤勉にこの土地を開墾したので，この植民地は急速な発展を見せたのである。

　1682年にペンが公表した『政治の形体』（the Frame of Government）は，ペンシルヴァニアが「唯一の全能にして永遠の神を造り主と告白し，認める者」をすべて平等に受け入れることを言明し，ここに暮らす者には平和に共存することを求めた。ペンの「聖なる実験」がここに開始されたのである。ペンシルヴァニア議会は同年，自由憲章（Act for Freedom of Conscience）を定め，信仰の自由を保障した。これは神を信じる限り何人もここでの暮らしを妨げられることはないというもので，これ以前に出されたニュージャージーやロードアイランドの宗教寛容令よりも徹底したものであった。しかしそ

の自由憲章も，キリスト者だけが投票権を持ち公職に就くことができると定めていた。

　この信仰の自由が保証されたペンシルヴァニアにはクエーカーだけでなく，ドイツやオランダなどからアーミッシュ [11] を含むメノナイト派，モラヴィア兄弟団 [12]，ルター派といった多様な教派的背景を持つ人々がやって来た。しばらくすると隣のメリーランドからカトリックもやって来た。誰もが信仰の自由を求めてペンシルヴァニアにやって来たのである。

　17世紀の終わりになると長老派のスコット・アイルランド人の数が急増し，1706年には他のカルヴァン主義のグループとともにフィラデルフィア中会を組織した。この長老派とクエーカーの関係は悪かった。長老派は，自衛のためなら積極的に武力を行使した。それに対してクエーカーやメノナイト，アーミッシュといったグループは，「あなたの敵を愛しなさい」というキリストの言葉を忠実に守ろうとし，いかなる理由があろうとも武力行使を拒否する絶対平和主義者だった。そのため両者の間に溝が生じた。フレンチ・インディアン戦争（1755-63年）や独立戦争（1775-83年）の際には，その溝はさらに深まった。

11）　主にペンシルヴァニア州やオハイオ州に点在する保守的なメノナイト派の共同生活集団。アーミッシュは，戒律（オルドヌング）に厳しいオールド・オーダー・アーミッシュとニュー・オーダー・アーミッシュに分けられる。映画やテレビによく扱われるのはオールド・オーダーである。

12）　15世紀にボヘミア東部の敬虔主義の信徒らが新約聖書の時代の質素さを実現すべく作った共同体。なかでもヘルンフート兄弟団はペンシルヴァニアにコロニーを開いた。

ローマ・カトリックとメリーランド

メリーランド

　1632年，チャールズ1世はローマ・カトリックの信徒であるボルティモア卿ジョージ・カルヴァート（George Calvert, 1580-1632）にメリーランドと名付けられた植民地を与えた。しかし特許状が交付される前に彼は亡くなってしまったので，息子のセシル・カルヴァート（Cecil Calvert, 1605-75）が特許状を受け，メリーランド植民地の領主となった。

　1633年11月には，2隻の船に乗った入植者がメリーランドに向けてイギリスを旅立った。入植者の中には2人のカトリック司祭と1人の修道士が乗船していたものの，大多数はプロテスタントであった。船は翌年3月にメリーランドに到着した。

　到着してすぐに最初のミサが行われ，植民地の首都であるセント・メアリーズ・シティに聖堂が建てられた。また先住民伝道が試みられたが，これはうまくいかなかった。

　この後のメリーランドの歴史は，イギリスの動乱の影響をまともに受けることになった。1642年，イギリスで王党派と議会派の間で内戦が起きた際にカルヴァートが国王側についたため，メリーランドはピューリタンの勢力下に置かれた。そのため何人ものイエズス会士やカトリック信徒が拘束，追放された。こうした混乱の後の1649年，メリーランドの議会は「宗教寛容令」（an Act of Toleration）を発表した。この法令により，すべてのキリスト者が信仰の自由を得た。

　しかしこの年は，イギリスでピューリタン革命が起きた年であった。チャールズ1世は処刑され，共和政が打ち立てられた。その

ためメリーランドにおけるカトリックに対する弾圧はこの後も続いた。さらに 1654 年には，ピューリタンがこの宗教寛容令を廃止した。その後名誉革命（1688-89）が起こり，プロテスタントのイギリス国内における勢力は揺るがないものとなった。こうして 1691 年にメリーランドは国王の直轄地となり，翌年にはイギリス国教会が公定教会となった。これによりメリーランドのカトリックは公職を追われ，市民権や教育において差別を受けるようになった。

その後のローマ・カトリック

アメリカにおいてカトリックは，19 世紀まで少数派であった。1750 年の時点でカトリックは，13 植民地の総人口の 1% にも満たない程度であった。カトリック教会の数も 30 くらいで，そのほとんどがメリーランドとフィラデルフィアに建設されたものであった。

しかし独立戦争の際にアメリカのカトリックは独立を支持し，戦争でも大きな役割を果たした。そのため独立後のアメリカでは，その権利が認められるようになった。その後カトリックは，メリーランド生まれで独立戦争の際にも活躍したジョン・キャロル（John Carroll, 1735-1815）を 1789 年に司教に選んだ。キャロルはボルティモアに司教座聖堂を置いた。

ユダヤ人

1654 年，23 人のユダヤ人がブラジルからニューアムステルダム（現在のニューヨーク）に上陸した。これが「ニューヨーク最初のユダヤ人」である。この最初のユダヤ人たちは，イベリア半島にそのルーツを持つ。16 〜 17 世紀，イベリア半島ではイスラーム教徒を

追い払ったカトリックによるユダヤ人迫害の嵐が吹き荒れた。この迫害を逃れたユダヤ人たちは，ユダヤ人に寛容なオランダ領のブラジルにやって来た。しかしこの地もポルトガルに奪われたので，彼らの一部はニューアムステルダムへと逃れたというわけである。ニューアムステルダムは 1664 年にイギリスに征服されニューヨークとなるが，文化的にも宗教的にも寛容な風土が保たれた。

　その後，宗教的に寛容な風土のあるニューヨークやフィラデルフィアなどにユダヤ人のコミュニティが形成される。しかしその数はそう多くはなかった。1790 年には約 1200 人，1820 年になっても 4000 人程度であった。その多くはスペインやポルトガルからやって来ていた。ユダヤ人がニューヨークで急増するのは 19 世紀後半になってからである。

【課題】

• ウィンスロップの説教「キリスト教的慈愛のひな形」を読み，ピューリタンがアメリカでどのような理想を実現しようとしていたのかを話し合ってみよう。

• 植民地の伝道者たちはアフリカ人奴隷に近づくために，奴隷を所有する農園主たちにキリスト教は奴隷制に反対していないと伝えた。伝道のために真理を曲げた伝道者の立場について考えてみよう。

【より深く学ぶために】

大下尚一訳・解説『ピューリタニズム』（アメリカ古典文庫 15）研究社，1976 年。

大西直樹『ピルグリム・ファーザーズという神話——作られた「アメリカ建国」』（講談社選書メチエ）講談社，1998 年。

増井志津代『植民地時代アメリカの宗教思想——ピューリタニズ
　ムと大西洋世界』上智大学出版，2006 年。

ディヴィッド・D・ホール著，大西直樹訳『改革をめざすピュー
　リタンたち——ニューイングランドにおけるピューリタニズム
　と公的生活の変貌』彩流社，2012 年。

第2章
大覚醒とアメリカ独立

大覚醒

　イギリス人による入植から1世紀後の18世紀中頃には，ピューリタン色の強かったニューイングランドにおいてすら宗教的情熱は冷めていた。礼拝や説教は形骸化し，毎週日曜日に教会に通う人の数も少なくなり，教会の社会に対する発言力も低下していた。多くの伝道者たちが，こうした冷め切った人々の信仰心に再び火をつけるため，都市や開拓地で，人々に罪深い生活を改め，信仰に満たされた生活を送るように説いた。こうした動きを「大覚醒」(the Great Awakening) と言う。

イェール大学とプリンストン大学

　この時代，ハーヴァード大学ではピューリタン的なカルヴァン主義に代わって，啓蒙主義や理神論などが教師と学生の心を捉えるようになった。ハーヴァード大学は植民地の牧師や行政の指導者を育成することを期待されていた。しかしその大学が自由主義化してしまい，ピューリタンの理想が途絶えてしまった。そう考えた組合派教会の指導者たちは，1701年にコネティカットに新しい大学を設立した。これがイェール大学 (Yale College) である。この大学はジョナサン・エドワーズをはじめ，大覚醒の担い手を多く輩出した。

　ハーヴァード大学の自由主義化を危惧したのは，アイルランドからやって来たウィリアム・テネント（William Tennent, 1673-1745）も同じであった。彼は1726年にペンシルヴァニアのネジャミニーの長老派教会に招聘されると，牧師を養成する学校を開いた。この学校には彼の住まいの近くに建てられた丸太小屋が使われたため，「丸太小屋大学」（Log College）と呼ばれた。1720年代後半から1730年代にかけて，ここから多くの大覚醒の担い手となる長老派牧師が巣立って行った。

　しかし1730年代後半になると，長老派の中には大覚醒が拡大することを恐れる人々が現れた。彼らは牧師はイェール大学やスコットランドの大学で正統なカルヴァン主義神学を修めていなければならないと考え，丸太小屋大学を神学教育の場として認めなかった。そのため長老派の会議は丸太小屋大学の卒業生に牧師の資格を与えることを渋り出し，ついには拒否するようになった。

　大覚醒に反対する牧師たちは，大覚醒の伝道者の説教は人々の感覚に訴えるばかりでそこには知性がないと批判した。これに対して大覚醒の牧師たちは，大覚醒反対派の牧師の説教は知性偏重で心に訴えるものがないと反論した。このような知性か感情かをめぐる議論は，この後，アメリカ宗教史で繰り返されることになる。

　後に大覚醒の波がアメリカに広がると，イェール大学はこれに反対する立場を取った。大覚醒支持派の伝道者たちがこれに失望したことは言うまでもない。そこで大覚醒を支持するニュージャージーや，ニューヨーク，フィラデルフィアの長老派の牧師や信徒たちが，1746年にニュージャージー大学（the College of New Jersey）を設立した。丸太小屋大学の卒業生たちもこの大学を支持した。大覚醒の担い手たちは教養を否定していたのではなく，信仰を養う教養を大切にしていたのである。このニュージャージー大学は，その後

プリンストン大学と改名して現在に至る。

ジョナサン・エドワーズ

ジョナサン・エドワーズ（Jonathan Edwards, 1703-58）は1703年にマサチューセッツ・ノーザンプトンで牧師の家庭に生まれた。彼は創立されて間もないイェール大学で学んだ。卒業後，しばらくニューヨークの教会で牧師として働いた後，ノーザンプトンの組合派教会に赴いた。

1734年の春，ノーザンプトンで評判が芳しくない若者数人がエドワーズの導きによって罪を悔い回心した。エドワーズは会衆に対して，人間の罪に対する神の怒りがどれほど深いかを説き，救われるために回心せよと勧めた。その結果，マサチューセッツを中心にかなり広い範囲で人々の宗教心が高揚した。これがノーザンプトンにおける大覚醒の第一波である。この1年近く続いた宗教的高揚をエドワーズは，1737年に『ノーザンプトンにおける数百人の魂の回心における神の驚くべき働きについての誠実な報告』（*A Faithful Narrative of the Surprising Work of God in the Conversion of Many Hundred Souls in Northampton*）として発表した。

エドワーズの有名な説教『怒れる神の手中にある罪人』（*Sinners in the Hands of an Angry God*）を読んでみよう[1]。彼はこの説教をいくつかの教会で行った。彼は会衆にこう語りかけた。

「あなたがたの邪悪さは，あなたを鉛のように重くし，そして非

---

1) Jonathan Edwards, "Sinners in the Hands of an Angry God," in J.E. Smith, H. S. Stout, and K. P. Minkema, ed., *A Jonathan Edwards Reader* (New Haven: Yale University Press), 89-105. 抄訳はエドワーズ「怒れる神の手中にある罪人——エンフィールドにおける説教（1741年）」『原典アメリカ史　第一巻』岩波書店，1981年，303頁。

ジョナサン・エドワーズ

常な重力と引力をもって地獄へ堕とそうとしている。もし神がそれを許してしまったら，あなたがたはただちに沈み，即座に墜落し，底なしの深淵に真っ逆さまに身を落とすであろう。そして，あなたがたの健康な身体も，心労も，思慮も，たくらみも，あらゆる義さえも，あなたがたを支えて地獄から救い出す力はない。それらは，蜘蛛の糸が落ち行く岩を止めるようなものである」。

そして彼は，聴衆にこう警告する。

「私たちが蜘蛛や忌まわしい虫けらを火に投げ込もうとしてその上にかざすように，あなたがたを地獄の上にかざしている神は，あなたがたを憎悪し，激しく怒っている」。

こうした厳しい裁きの言葉に脅える聴衆にエドワーズは次のように勧め，説教を締めくくる。

「それゆえ，キリストの外に立つ人々はみな，今，目を覚まし，来たらんとする怒りを逃れよ。全能の神の怒りは紛れもなくこの会衆の大部分の者の上にかかっている。すべての人よ，ソドムから逃れよ。『のがれて，自分の命を救いなさい。うしろをふりかえって見てはならない。低地にはどこにも立ち止まってはならない。山にのがれなさい。そうしなければ，あなたは滅びます』（創世記19章

17節）」。聴衆は涙を流して回心したと彼は報告している[2]。

　エドワーズは信徒との対立から，1750年にノーザンプトンの教会の牧師職を解任された。その後はしばらくマサチューセッツのストックブリッジにある教会で働き，先住民伝道も試みた。1758年にはニュージャージー大学の学長に就任するも，天然痘の予防接種のために亡くなった。彼が後世に残した多くの著作は彼の学識の深さを示し，今なお多くのキリスト者を魅了してやまない。

ジョージ・ホイットフィールド

　大覚醒の主役と言えば，ジョージ・ホイットフィールド（George Whitefield, 1714-70）に他ならない。彼はイギリス国教会の司祭であるが，1720-30年代にウェスレー兄弟とオクスフォードの「ホーリークラブ」で一緒に活動するなど，後述する初期メソジスト運動の旗手の1人でもあった。1738年に初めてアメリカにやって来て以来，彼は十数回にわたって各地を説教して回った。そして1770年にアメリカの地で客死した。

　彼は人の集まる所なら，いつでもどこでも説教をした。当時，説教は日曜日に教会の会堂で行われるものであった。しかし彼はその固定観念にとらわれなかった。アメリカで本格的な伝道旅行を始める直前の1739年，彼はキングスウッドという炭鉱町で労働者たちに野外説教を行った。彼はこのスタイルをアメリカでも継続し，時には町の広場などで説教をした。また，パンフレットや新聞といったメディアも早くから活用した。

　2）　ジョナサン・エドワーズ（大下尚一訳）「大覚醒の始まり（1736年）」大下尚一他編『史料が語るアメリカ――メイフラワーから包括通商法まで』有斐閣，1989年，20頁。

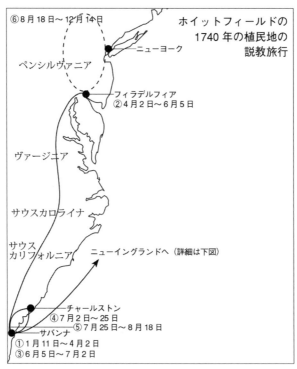

⑥8月18日～12月14日

ホイットフィールドの
1740年の植民地の
説教旅行

ニューヨーク

ペンシルヴァニア

フィラデルフィア
②4月2日～6月5日

ヴァージニア

サウスカロライナ

サウス
カリフォルニア

ニューイングランドへ（詳細は下図）

チャールストン
④7月2日～25日
⑤7月25日～8月18日

サバンナ
①1月11日～4月2日
③6月5日～7月2日

メイン
ヨーク

ニュー
ハンプシャー

ポーツマス
ハンプトン
ニューベリー
イプスウィッチ
セイラム
マーブルヘッド

1740年8月18日～
12月14日

マサチューセッツ
ノーザンプトン
ボストン

ロード
アイ
ランド
ニューポート

コネチカット
ミドルトン
ニューヘイブン

ここからニューヨーク、
フィラデルフィア、
チャールストン、サバンナへ

ホイットフィールドの説教旅行

さらにホイットフィールドは，教派を越えて誰とでも協力した。彼はイギリス国教会の司祭であったが，エドワーズのノーザンプトンの組合派教会でも「丸太小屋大学」出身の牧師たちの長老派教会でも，招かれれば説教をした。バプテスト派やモラヴィア兄

モアフィールズ（イギリス）で説教をするホイットフィールド
The Miriam and Ira D. Wallach Division of Art, Prints and Photographs: Print Collection, The New York Public Library. (1853). *"Whitefield preaching in Moorfields." A.D. 1742, by E. Crowe, in the exhibition of the Royal Academy.–See page 70* Retrieved from

弟団とも協力して伝道活動をしたことがある。

　彼には人々の感情に訴えかける才能があった。これについては有名な逸話がある。彼が「メソポタミア」と感情を込めて言うだけで，聴衆は感動のあまりぽろぽろと涙を流したという。

　ホイットフィールドはカルヴァン主義者であったにもかかわらず，「新生（new birth）」の必要性を説いた。「新生」とはヨハネによる福音書 3 章にある，キリストとニコデモの対話に由来する言葉である。これは「回心」したキリスト者が，キリストの恵みにより新しい生を送ることを意味する。

　その一方で，カルヴァン主義者として予定説を強調することも怠っていない。予定説とは，神は救われる者と滅びる者をあらかじめ定めているという考え方である。予定説の立場を取りながらも「新生」を勧める説教は，一見すると矛盾しているように見える。現に彼の盟友であり，メソジスト運動の創始者であるウェスレーは予定

説を否定しており，この点については両者の間で意見の一致に至ることはなかった。しかしホイットフィールドの中では「新生」と「救いの予定」は一貫しているのである。この二つを同時に説くという立場が，アメリカの神学史上で何度か登場する。

人口の増加と教派の多様化

非イギリス移民の増加によるキリスト教の多様化

イギリス人が北アメリカ各地で植民活動を開始した17世紀前半から約100年の間に，北アメリカの植民地人口は急増した。17世紀中頃に約5万人だったヨーロッパ人・アフリカ人の人口は，18世紀の初めには約20万人にまで増加していた。独立戦争が始まった1775年には250万人を超えている。

人口増加の主たる要因は自然増であったが，移民やアフリカ人奴隷の増加も見過ごせない。とりわけ18世紀に急増したのがスコットランド，アイルランド，ドイツ，フランスなどからの非イギリス人移民である。

このことは植民地のキリスト教を多様なものにした。例えば，ニューヨークが宗教の博物館のような状態であったことは先に述べた。ここにはオランダ改革派教会（Reformed Church）——彼らも長老派や組合派と同様にカルヴァン主義の流れを汲む——が多かった。メリーランドにはいくつかのローマ・カトリック教会が存在し，ペンシルヴァニアにはクエーカーに加えて，ルター派やメノナイト派の教会がドイツからやって来た。中部植民地については後述するが，スコットランド人とスコット・アイルランド人による長老派教会（Presbyterian Church）が増加した。

アフリカ人奴隷の増加とキリスト教伝道

　18 世紀，とりわけ南部ではアフリカから奴隷として連れて来られた人々の数が増加した。1700 年のヴァージニアの奴隷の数は約 6000 人であった。これは当時のヴァージニアの人口の 12 分の 1 にあたる数である。それが 1763 年には，当時の人口の約半分の 17 万人にまで増えていた。サウスカロライナでは同じ時期に，アフリカ人奴隷の数が白人の数を上回った。このような現象を「ブラック・マジョリティ」という。南部の白人富裕層にとってアフリカ人は安価な労働力として不可欠な存在であると同時に，このアフリカ人の集団的な反抗は脅威であった。

　大覚醒前の 17 世紀末頃の北部ではピューリタンやクエーカーが，1700 年代の南部ではイギリス国教会の外国福音伝道団（The Society for the Propagation of the Gospel in Foreign Parts）がアフリカ人奴隷に対する伝道を始めていた。しかしその成果ははかばかしいものではなかった。当時のプロテスタントによる伝道では文書化されたカテキズム（信仰問答）が重視され，キリスト教の受容にはある程度の読み書きが不可欠であった。ところが奴隷所有者は，奴隷が読み書きを習得したら白人に反抗するようになると考えて難色を示した。また当時のキリスト教の礼拝は，アフリカ人には静か過ぎた。

　大覚醒が始まると，南部で急成長したメソジスト派とバプテスト派はプランテーションに入り，アフリカ人奴隷たちにも福音を伝えた。プランテーションに入った伝道者たちは，神の前には白人もアフリカ人も違いはないと説いた。メソジスト派やバプテスト派の開放的で表現豊かな礼拝のスタイルは，アフリカ人たちにすぐに受け入れられた。さらにアフリカ人たちは踊りや音楽などを加えて，キ

リスト教をより受け入れやすいものにしていった。その結果，数は
きわめて少ないものの，アフリカ人の教会も形成された。アメリカ
でアフリカ人に対する伝道が本格化するのは独立戦争以後のことで
ある。

長老派，メソジスト派，バプテスト派

公定教会以外の教会の成長

　ニューイングランドでは組合派教会が，南部ではイギリス国教会
がそれぞれ公定教会（established church）になっていた。公定教会
とは，イギリス本国で言うところの「国教会」である。植民地政府
の行政官や議員になるためには公定教会の成員であることが求めら
れ，政府は税金で教会の維持費や牧師の給料を賄った。それぞれの
植民地において，公定教会を定めることに対する大きな反発はなか
った。住民の多くは公定教会に属していたからである。

　大覚醒を境に，長老派やバプテスト，メソジストといった新しい
教派が旧来の公定教会を数の上で追い越すという現象が見られるよ
うになった。1700年頃には13植民地の教会全体の3分の2を組
合派とイギリス国教会が占めていたが，1780年頃には3分の1に
なっていた。これは両教会の数が減ったからではない。例えば組合
派では，1700年に146あった教会が1780年には749に増え，イ
ギリス国教会でも100ほどだった教会数が500に届こうとしてい
た。

　ところがその他の教会は，公定教会をはるかに凌ぐ速さで成長し
た。例えば1700年には30程度の教会数しかなかった長老派やバ
プテスト派は，大覚醒を経て爆発的に拡大し，1780年には500に
到達しようとしていた。またオランダ改革派教会も，1700年には

54 に過ぎなかった教会数が 1780 年には 823 にまで増えたのである。

　南部では，もともとほとんどの人々がイギリス国教会（アングリカン）に通っていた。特にジェントリ（郷紳）層はイギリス本国に反発を感じていなかったので，イギリス国教会を支持した。イギリス国教会はジェントリを大切にしたが，貧しい大衆層はおろそかに扱った。大覚醒が始まると人々は信仰の冷めた国教会を離れ，南部にやって来た長老派やバプテスト派に移った。

　また長老派（ニューサイド）やバプテスト派は，フロンティア（中西部）で開拓が始まると次々と伝道者を派遣した。フロンティアに派遣された伝道者たちは格調高い説教ではなく，わかりやすい話をした。さらに日曜日という時間や教会という場所にこだわらず，人が集まる場面ならいつでもどこでも説教を行った。

　ここでは大覚醒後のアメリカのキリスト教を代表する 3 つの教派——長老派，バプテスト派，メソジスト派——について説明する。

長老派

　まずは中部植民地で成長した長老派（Presbyterian）とスコット・アイルランド人（Scotch-Irish）の関係について。スコット・アイルランド人とは，エリザベス 1 世の時代にスコットランドからアイルランド・アルスター地方といった北アイルランドへ移住した長老派の人々に由来する。この移住は北アイルランド問題にも連なっていく出来事である。

　18 世紀になると，彼らの多くは北アメリカに移住してペンシルヴァニアに，そして一部は南部の内陸部に住んだ。ちなみに丸太小屋大学を主催したウィリアム・テネントもそうした移住者の 1 人

である。

　アメリカにやって来たスコット・アイルランド人は，スコットランド人であることからイギリス人を嫌い，そして長老派であることからアングリカン（イギリス国教会）を嫌っていた。

　ペンシルヴァニアで彼らは，先住のクエーカーとも良好な関係を築けなかった。それはクエーカーがイギリス人であったことに加えて，何があろうと武器を取って戦うことはないクエーカーの平和主義が「卑怯者・臆病者」と彼らの目に映ったからであろう。現にスコット・アイルランド人たちは，フレンチ・インディアン戦争の際にも独立戦争の際にも積極的に武器を取って戦っている。そのためイギリス軍は，独立戦争時に独立軍を「あの長老派どもめ！」と罵った。

　ペンシルヴァニアにはスコット・アイルランド人だけでなく，多くの民族的背景を持った長老派・改革派の教会が存在していた。これらの教会は習慣や若干の神学的強調点の違いを超えて，ウェストミンスター信仰告白のもとにフィラデルフィア中会（地区会議, the Presbytery of Philadelphia）を 1706 年に組織した。これがアメリカ大陸における最初の長老派の中会である。

　また長老派の急成長を背景に，ペンシルヴァニア植民地議会の多数は，1750 年頃にはクエーカーの手を離れてしまうことになった。

　大覚醒のブームに乗った長老派は中部植民地で急成長した。しかし皮肉にも，大覚醒による教会の変化をめぐって教派が二分することになった。大覚醒運動に賛成するグループはニューサイド（New Side）と呼ばれ，反対するグループはオールドサイド（Old Side）と呼ばれた。

　ニューサイドはウィリアム・テネントの丸太小屋大学出身者などを中心に構成されており，1746 年にはニュージャージー大学を建

長老制のしくみ

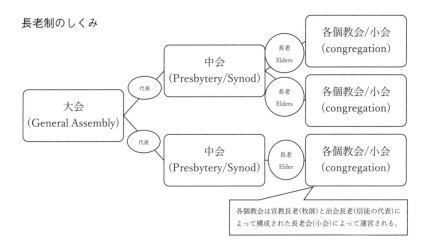

その地域の複数教会の長老が集まる会議を中会といい，全国規模の大会や小会よりも中会が大きな権限を持つのが長老派の特徴である。

設してその成長に拍車をかけた。

　これに対してオールドサイドは伝統的カルヴァン主義の立場から，回心や回心の方法に重きを置く大覚醒の説教者たちのやり方に批判的であった。スコット・アイルランド人が多数を占めるフィラデルフィア中会は，オールドサイドの急先鋒であった。

　両者は牧師の任職をめぐっても対立した。ニューサイドが学歴よりも回心の体験と召命感を重視したのに対し，オールドサイドは信仰告白の厳守を維持するために，牧師は正規の神学教育を受け，中会や教会の厳正な審査を経なければならないと主張した。

　大覚醒時代のニューサイドとオールドサイドの分裂は，長老派全体を引き裂くことはなかった。しかし奴隷制の問題をめぐって北部と南部に教派が分裂した際には，再びこのニューサイド対オールドサイドの対立の構図が持ち込まれることになった。

　最後にアメリカのカルヴァン主義の流れを汲む教会を簡単に整理しておく。まず，ピューリタンの伝統を継承する組合派やバプテス

ト派はカルヴァン主義神学を下地としているが，教会制度において
は全成員による会議と各個教会の独立を重んじる。これらの教派は
イギリス人が中心の教派であり，ニューイングランドを起点に広が
った。

　次にスコット・アイルランド人の長老派やオランダ人によるオラ
ンダ改革派は，教会の代表者である長老により構成される「長老
会」による教会の統治と，地方組織である「中会」や全国組織によ
る「大会」を重んじる。これらの教派はスコット・アイルランド人
やオランダ人によって，ペンシルヴァニア，ニューヨーク，ニュー
ジャージーなどの中部植民地を起点に広がった。

　現在，アメリカ最大の長老派は合衆国長老派教会（the Presbyte-
rian Church, USA）である。オランダ改革派はアメリカ改革派教会
（the Reformed Church in America）となっている。

バプテスト派

　大覚醒により目覚ましく成長したのは，長老派とバプテスト派で
あった。特に公定教会が存在しなかった中部植民地，そして移民た
ちが新たに開拓を始めたフロンティアにおける拡大は著しかった。
彼らは信徒を，正規の神学教育を受けない者でも積極的に説教者と
した。そしてこうした説教者を，教会や牧師の数が不足していたフ
ロンティアに迅速に派遣した。派遣された説教者は各地を旅して，
旅先ではバプテスト派の信徒の家に泊まり，どのような場所でも説
教を行った。

　またバプテスト派の牧師の中には農民説教者（Farmer-preacher）
と呼ばれる者もいた。彼らは平日は何らかの仕事に就き，日曜日に
なると地元の教会で説教をして，その他の牧会の役割をこなしたの
である。

　バプテスト派の特徴は各個教会の独立を重んじることである。教
会連合組織はそれほど強くない。1707 年にフィラデルフィア・バ
プテスト教会連合が結成されたが，それは教会の上部組織としてで
はなく，伝道者の派遣など教会間の協力関係を築くことが目的であ
った。

メソジスト派

　メソジスト派は独立前にアメリカに入って来たものの，本格的に
拡大したのは独立後である。メソジスト派のルーツは，ジョン・
ウェスレー（John Wesley, 1703-91）とその弟チャールズ（Charles
Wesley, 1703-88）によるオクスフォードでの信仰生活の刷新運動に
さかのぼる。「メソジスト」（Methodist）とは「方法にこだわる人」
（Method-ist）や「生真面目な人」という意味で，ウェスレーのサー
クルがあまりにも几帳面な生活を守っているので，周囲の人が付け
たあだ名であった。メソジスト派はイギリス国内ではあくまで国教
会内の刷新運動であり，彼らに新しい教派を形成するつもりなどな
かった。ウェスレー兄弟は国教会の宣教師としてアメリカ南部を訪
れているが，その活動はうまくいかず，短期間でイギリスに戻って
いる。

　イギリスに帰国した後，1738 年 5 月に彼らは信仰のみによる救
いを確信する「回心」を遂げ，翌年から国教会の刷新運動を本格的
に開始した。この運動は各地を説教しながら巡回するというもの
で，運動の当初から労働者に対する伝道を行った。

　メソジスト派内部では当初，カルヴァン主義とアルミニウス主義
が対立していた。先に述べた大覚醒の立役者ジョージ・ホイットフ
ィールドは，このメソジスト運動にかなり初めの頃から参加してい
た。しかしホイットフィールドは「カルヴァン主義メソジスト派」

であり，「アルミニウス主義メソジスト派」のジョン・ウェスレーと激しい論争の火花を散らした。

アルミニウス主義とカルヴァン主義の違いについて誤解を恐れず端的に説明すると，アルミニウス主義では「信じる者は救われる」のであるが，カルヴァン主義では「救われているから信じる」のである[3]。

カルヴァン主義についてはこれまでに何度か言及してきたが，ここでは「予定説」がポイントになる。要約すればこうなる。人間は全くの罪人で，神は全知全能である。罪人である人間は，自分の意志で神を信じたり，善い行いを積み重ねたりすることはできない。ましてや人間は自分の力で救いに至ることなどできるはずもない。このような人間を救うことができるのは神のみである。神はあらかじめ定めた者を義とするが，ある者は滅びに予定されるのである。人間の信仰や善行は，その人がすでに救われているしるしであると彼らは考える。

それに対してアルミニウス主義は，神は全人類の救いを望んでおられ，神の恵みはすべての人に無条件に与えられているというものである。人間には神の恵みによって，イエス・キリストの救いの招きに応答する意志の力がある。信仰によって応答するかしないかも，神の恵みによるのであるが，人間の信仰が求められるのである。

ホイットフィールドとウェスレーの間の論争はかなり激しいものであったが，両者はメソジスト運動を分裂させないよう配慮した。ホイットフィールドの死によりこの論争は収束した。現在のメソジ

---

3) 30頁にカルヴァン主義とアルミニウス主義を比較した図を掲載したので，それを参照。

スト派はアルミニウス主義である。

　18 世紀後半からメソジスト運動の多くの伝道師がアメリカに出かけていき，信徒を獲得した。中でもフランシス・アズベリー（Francis Asbury, 1745-1816）はメソジスト教会の形成に重要な役割を果たした人物である。

　さて，巡回伝道者（circuit rider）と呼ばれたメソジスト派の伝道師たちは，通商ルートを活用してアメリカのあちこちを旅した。彼らは牧師のように一つの共同体（教会）のためにのみ働くのではなく，馬や馬車で広い地域を巡回して複数の共同体のために働いた。そしてその巡回先で話術に長けた若者を見つけたら，その人を訓練して説教者とし一つの共同体を任せた。

　メソジスト派はカルヴァン主義の強いニューイングランドでは苦戦したものの，それ以外の地域では順調に教勢を伸ばしていった。独立戦争前，メソジスト派は 3500 人程度であったが，その 3 分の 2 は南部の住民であった。独立戦争中ウェスレーはイギリスを支持したが，アメリカのメソジスト派は植民地の独立を支持した。独立戦争の間にメソジスト派の信徒数は 1 万 4 千人近くにまで成長した。

　独立前のメソジスト派はイギリス国教会内の信仰復興運動に過ぎなかったので，この運動に加わった者も洗礼と聖餐は近くの国教会で受けていた。しかしウェスレーをはじめメソジスト派の指導者たちは，イギリスから独立したアメリカでは，メソジスト派は独立した教派になるべきであると考えた。

　そこでジョン・ウェスレーは，アズベリーとトマス・コーク（Thomas Coke, 1747-1814）をアメリカ国内のメソジスト派を統括する監督（superintendent 後に bishop）に任命した。アメリカのメソジスト派は 1784 年 12 月にボルティモアで会議──メソジスト史で

は「クリスマス会議」と呼ばれる——を開き，メソジスト監督教会
（the Methodist Episcopal Church）を組織した。

　このメソジスト監督教会の「監督」とは，イギリス国教会の「監
督制」（あるいは『主教制』，Episcopacy）という教会制度を彼らが踏
襲したことに由来する。監督制とは「監督」（あるいは主教，Bishop）
が使徒——イエスの直接の弟子——からの権限を継承しており，長
老——牧師も含む——の上に立って教区のすべての教会を統治し，
その一致を保つ責任を持つ制度のことである。

　後にメソジスト監督教会は分裂を繰り返していく。1810 年代に
はアフリカ人がメソジスト監督教会から分離した。1830 年にはメ
ソジスト派の監督制に反対したグループが独立して，メソジスト・
プロテスタント教会（the Methodist Protestant Church）を組織した。
メソジスト監督教会最大の分裂は，南北戦争時の南北分裂である。

理神論

　大覚醒が起きた 18 世紀，アメリカのインテリ層の間では理神論
（deism）が広まった。この理神論はエドワード・ハーバーの『真理
について』（1624 年）やジョン・トーランドの『非神秘的キリスト
教』（1696 年）がその発端となっている。

　理神論者は超自然的な奇跡や啓示によってではなく，人間の理性
のみによって宗教を把握しようとする。彼らは神（最高存在）がこ
の世界（宇宙）を創造したこと，そしてその際に神が自然の法則を
定めたことを認める。自然の法則を定めた神は，その法則を超えて
人間の歴史に介入することはない。もっとも彼らも神の実在や道徳
的な実践を否定しておらず，理性に従って霊魂の不滅を証明しよう
としている。

　伝統的キリスト者は，神の摂理や啓示を否定されたのであるから，当然理神論を激しく批判した。それでも理神論はフランスやイギリス，アメリカの知識人の間に広がった。例えばトマス・ペインやベンジャミン・フランクリン，トマス・ジェファソンといったアメリカ独立の功労者たちも理神論を受け入れた。

　トマス・ペイン（Thomas Paine, 1737-1809）は 1776 年，イギリスからの独立の士気を高めた有名なパンフレット『コモン・センス』（*Common Sense*, 1776）を出版した。彼はこの本の中でまるで大覚醒の説教者のように，新大陸に召された我々こそ神に選ばれし民，新しいイスラエルであると宣言し，今こそ独立の大義に身を捧げよと人々を鼓舞した。また彼は独立したてのアメリカで『理性の時代』（*the Age of Reason*, 1795 年にパリで完成）というパンフレットを発行した。これはタイトルからして理神論的である。彼は大覚醒に酔いしれた人々を独立戦争へと駆り立てるために，宗教的感情に訴えかけるレトリックを利用した。しかし実際のところ，彼のような知識人の目には大覚醒運動の中で語られる説教は稚拙なものに映っていたであろう。むしろ彼らにとっては感覚的なものを排除し，理性的に判断できる知識に立脚した理神論のほうが魅力的だった。

アメリカ独立の素地としての大覚醒

　大覚醒はアメリカ独立の素地を作ったと言える。まず，大覚醒で強調されたことは，宗教は自身の民族や家族，階級といった出自によって決まるのではなく，個人の回心によって決定するということであった。これは個人の価値の復権を促した。

　また，「アメリカ人」というアイデンティティが白人たちの間に芽生えた。それまで植民地の人々のアイデンティティは，「ニュー

イングランド人」や「ジョージア人」といった狭い地域ごと，あるいは「ドイツ人」「オランダ人」といった民族的なアイデンティティであったりした。しかし大覚醒の説教者たちは13植民地を巡回し，地域や民族，教派を超えた運動を行った。ここから13植民地をつなぐ連帯意識が形成された。また説教者たちが個人に回心を促したことは，個人がそれまでの民族や信仰の違いから離れて「アメリカ人」という新しいアイデンティティを受け入れるきっかけとなったと言える。

聖公会

独立前のイギリス国教会はチェサピーク湾周辺から南部にかけて点在していたが，ニューイングランドや中部では少数派であった。1754年にイギリス国王の勅許によってニューヨークに設立されたキングス・カレッジ（後のコロンビア大学）では，設立当初，学長職を国教会の信徒に限定し，礼拝も国教会の定めた典礼によるものとされた。

アメリカ植民地の国教会はイギリス本国のロンドン教区に属しており，国教会の主教（bishop）はアメリカ大陸にはいなかった。1770年代に入って，アメリカのイギリス国教会信徒たちが自分たちの主教を招聘しようとした。アメリカに主教がいれば，若い聖職候補者が主教から聖職按手を受けるために大西洋を渡らずに済む。彼らにとってアメリカに主教が来ることは，自分たちの教会が完成することを意味した。

しかし植民地ではこれに対する激しい反対運動が起きた。17世紀のイギリスにおいて主教は，国家の役人としてピューリタンを迫害した。それだけの絶大な権力を主教は持っていた。反対派の人々にとって，イギリス国教会の主教がアメリカに入ることは本国によ

る宗教的支配を受けることを意味し，宗教の自由を制限されると考えたのだ。結局この時，主教はアメリカに来なかった。この出来事がアメリカ独立のきっかけの一つとなった。

　独立後のアメリカのイギリス国教会は，アメリカにおいて一つの教派となるべく独自の道を歩み始めた。まず彼らは自分たちの教派の呼称を，イギリス国教会からプロテスタント・エピスコパル教会（Protestant Episcopal Church）に変更した。礼拝では引き続き祈祷書（*the Book of Common Prayer*）を用い，主教制を維持しようとした。主教制（Episcopalism，教派によっては監督主義）とは3つの職制——主教（Bishop，カトリックは『司教』，メソジストなどは『監督』と訳す），司祭（priest），執事（deacon）——による教会制度を言う。

　しかしプロテスタント・エピスコパル教会に主教はいなかった。主教は先任の主教から按手を受けることによってのみ，使徒（イエスの直弟子）から継承されている正統性を得ることができる（使徒職継承と言う）。プロテスタント・エピスコパル教会は，イギリスから独立したばかりのアメリカで受け入れられる正統な主教を獲得しなければならなかった。そのため彼らの最初の主教は，イギリス国教会以外の教会の主教按手を受けなければならなかった。そこで彼らは自分たちの選んだ者をスコットランドの教会に送り，主教として按手を受けさせることで使徒職継承による主教位を得た。

　プロテスタント・エピスコパル教会は，都市部の教育を受けた富裕層を信徒として多く獲得した。この教派は罪からの回心と敬虔な生活を大切にする福音主義的な人々と，1830年代に典礼や神学においてカトリックの伝統を取り戻そうとした保守的な人々から成る。この保守的な人々はハイ・チャーチ（high church）と呼ばれる。それに対して福音主義的でプロテスタント色の強い人々はロウ・チャーチ（low church）と呼ばれる。

現在この教会は米国聖公会（the Episcopal Church, USA, ニュースではしばしば『監督教会』と訳される）と呼ばれている。日本聖公会はアメリカ，カナダ，イギリスの宣教師らによって 1887 年に創設された。

アメリカ的キリスト教の特徴

アメリカのキリスト教の特徴の一つに教派主義（denominationalism）が挙げられる。これは複数の教派が同一の地域に共存しながら，自分たちの信仰を自分たちなりの伝道方法で広めていくことを言う。

ヨーロッパにはアウグスブルクの宗教和議（1555 年）やウェストファリア条約（1648 年）などに見られるように，「領主の宗教がその領土で行われる」（アウグスブルクの宗教和議）という原則が残っていた。つまりヨーロッパでは，一つの地域にプロテスタントとカトリックがともに存在することはなかった。人は生まれた場所の教会に生まれたときから属していたのである。

しかしアメリカではどの社会にも異なる信条を持った複数の教派（denomination）が存在しており，人は自発的に自分の所属教派を選び取ることができた。大覚醒後，長老派やバプテスト派，メソジスト派は，聖公会の多い南部にも，組合派の多いニューイングランドにも増えた。そして後で述べるように，公定教会という制度も独立後なくなった。そうなると，ますます一つの地域にいくつもの教派の教会が設立されるようになった。

この教派はそれぞれ異なる教理（カルヴァン主義やアルミニウス主義など）や職制（主教［または監督］制や長老制など）によって発生したものであるが，実際のところ人々は自分が所属する社会階級（富裕層，労働者，農民）や民族（イギリス人，スコット・アイルラン

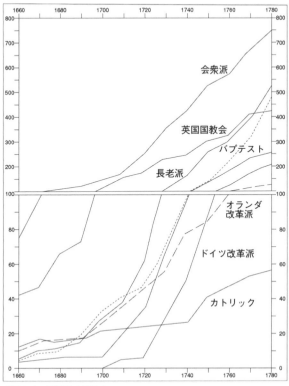

グラフ1　縦軸は 1000 人

ド人，ドイツ人，アフリカンアメリカン……）によって教派を決定することがほとんどだった（現在は少し異なる）。こうした背景がアメリカに特徴的な「信教の自由」の原則を生み出した。

【課題】

• 大覚醒の伝道者たちの説教を探して読んでみよう。日本語で読めるものもある。その説教のどこが民衆の心に訴えたのか考えてみよう。

• ニューヨークは今も昔も宗教の博物館である。そのようになった歴史を調べてみよう。

【より深く学ぶために】

佐藤眞「アメリカ革命と宗教——文化的多元性・政教分離・統合」，森孝一編『アメリカと宗教』日本国際問題研究所，1997年。

ジェイムズ・バード著，森本あんり訳『はじめてのジョナサン・エドワーズ』教文館，2011年。

第3章
リバイバルと南北戦争

憲法修正第1条と政教分離の確立

　前章の最後で述べた通り，アメリカのキリスト教の特徴は一つの
地域で複数の教派（denomination）が伝道によって自分たちの教理
を広め，どの教会に所属するかは個人が自発的に決められるという
ことである。このようなアメリカ的キリスト教は，「信仰の自由」
と「政教分離」を前提としている。「信仰の自由」と「政教分離」
は，1791年の合衆国憲法修正第1条によってアメリカの全人民に
保障された。この修正第1条が成立するまでの過程を説明する。

植民地時代の政治と宗教の関係

　南部のヴァージニアでは，イギリス国教会が植民地会社とともに
やって来た。教会は税金によって支えられ，教会の建設や整備も行
政によって行われた。これをステート・チャーチ（state-church，国
家教会制度）と言う。

　これに対してニューイングランドでは，ロードアイランド以外の
植民地では「聖徒による支配」という熱心なキリスト者による神権
政治が目指されており，組合派教会が公定教会（established church）
とされていた。これはキリスト教が行政を支配するという意味で，
チャーチ・ステート（church-state，教会による国家）と呼ぶ。

　中部のニューヨークやニュージャージー，ペンシルヴァニアには
ヨーロッパの様々な民族が各々のキリスト教の伝統を持ち込んだた
め，特定の教派が公定教会になることはなかった。

　大覚醒の時代，バプテスト派や長老派，メソジスト派といった新
しい教派がニューイングランドや南部でも急成長したため，公定教
会——ニューイングランドでは組合派，南部ではイギリス国教会
——の勢力は緩やかに弱まっていった。すると新進の教派と公定教
会との間に対立が生まれた。

ヴァージニアにおける政治と宗教の分離

　ヴァージニアではイギリス国教会が公定教会であったため，大覚
醒時代，バプテスト派や長老派の集会が襲われることもあった。そ
のためイギリス国教会を公定教会とする制度の廃止と法の下での信
教の自由の保障を求める動きが，独立宣言の起草者の一人であるト
マス・ジェファソンやジェームズ・マディソンらによって独立戦争
後すぐに始まった。ジェファソンやマディソンは，信仰の自由は人
間が生まれながらに持つ権利（自然権）であるとするジョン・ロッ
クの考えに基づいてこの運動を始めた。メソジスト派やバプテスト
派，長老派は言うまでもなくこれを支持した。

　まず1776年のヴァージニア権利章典16条において，全ての人
に信仰の自由が宣言された。1779年にジェファソンがヴァージニ
アの知事になると，全ての市民に信仰の自由を宣言する法案を議会
に提案した。この法案は長い議論の末，1786年に信教自由法とし
て成立した。

合衆国憲法修正条項

　合衆国憲法の草案が1787年に提出されたが，この憲法草案の第

6条3項に「公職に就こうとする者の資格要件として宗教上の審査を課せられることはない」ことが定められた。この草案を議論していた時点で，いくつかの州が特定の教派を税金で支え，ほとんどの州がキリスト者であることを公職の条件としていた。憲法を批准するための議会に集まった代議員の中には，6条の規定に反対する者もいた。ようやく1789年に批准に必要な13州のうち9州の賛成を得て，この6条も含む合衆国憲法が成立した。

　1791年にはジェームズ・マディソンらの尽力によって，憲法修正第1条が可決された。ここには「議会は法律によって国教の樹立を規定したり，もしくは信教上の行為の自由を侵害したりすることはできない」と定められている。つまりこれにより政教分離と信教の自由が国是として認められたのである。

　しかしこの憲法修正第1条に賛成した議員の多くは，この第1条が政治からキリスト教を完全に切り離すものであるとは考えていなかったようである。現に連邦議会は，この修正第1条を可決した翌日に「祈りと感謝の日」を定める決議を行った。アメリカの歴史ではこの時代から現代に至るまで，裁判所や議会において修正第1条をめぐる議論が繰り返されてきた。

　また当初，この規定は連邦政府にのみ適用され，各州政府にまで適用される規定であるとは考えられていなかった。そのためコネティカットでは1818年まで，マサチューセッツでは1833年まで，組合派教会が公定教会であった。

教会から自立したキリスト教団体

19世紀に入ると，アメリカでは国内外の伝道や社会活動を促進するための信徒による自発的なキリスト教団体が作られた。これらの団体は教派に属さず，複数の教派から有志が集まり，篤志家の寄付によって運営された。またこうした団体では（牧師ではなく）信徒が主体となった。この信徒主体の自発的キリスト教団体が，次の節で述べるリバイバルの下地となった。

ここではアメリカ聖書協会（American Bible Society），アメリカ日曜学校同盟（American Sunday School Union），アメリカ・トラクト協会（American Tract Society）について述べる。国内伝道を担ったアメリカ国内伝道協会（the American Home Missionary Society）や，アメリカンボードとして日本でも知られるアメリカ海外宣教委員会（American Board of Foreign Missions）については第6章で，アメリカ禁酒協会（the American Temperance Society）については第7章で扱う。

聖書協会

アメリカ聖書協会は1816年，国内外において聖書を安い価格で頒布するために設立された。同様の取り組みがドイツやイギリスでも始まっていたが，勢いとしてはアメリカ聖書協会が他を凌いでいた。

今でこそ聖書は「世界のベストセラー」と言われているが，この頃聖書は高価な書物であった。またフロンティアなど，聖書が簡単に手に入らない地域もあった。聖書協会は聖書の普及が，間違った教義の蔓延を防ぐことにもなると考えていた。

ある記録によると，1829年から31年の3年間だけで約100万

部の聖書が配布された。南北戦争の際には最新の印刷技術を用いた
ポケットサイズの聖書を兵士に配布した。また聖書協会は宣教師が
派遣された各地に次々と設立され，聖書の現地言語への翻訳と低価
格での配布が進められた。

　日本では当初，英国聖書協会とアメリカ聖書協会が日本支社を設
立した。1937 年に両国の聖書協会が協力して日本聖書協会を設立
し，銀座に聖書館を建設した。テレビで銀座が映ると教文館の緑
の看板が見えるが，あの建物である。アメリカ聖書協会は第二次
大戦後，1000 万冊の聖書を日本に贈ったという。なお 1946 年，
世界中の聖書協会の連合組織として聖書協会世界連盟（United Bible
Societies）が組織された。

日曜学校同盟

　日曜学校は 1780 年，イギリスのグロスターでイギリス国教会の
信徒ロバート・レイクスによって始められたと言われている。当時
のイギリスは産業革命の中，農村は疲弊し，職を求める者が都市に
集中したが，都市もそうした人々を全て受け入れるだけの余裕はな
かった。そのため失業者が急増した。そこでレイクスは近所の女性
たちの協力を得て，日曜日に路上で遊ぶ子どもたちを集め，読み書
きと算数に加えてカテキズムを教える学校を開いた。この日曜学校
は篤志家の金銭的な支援とボランティアによってイギリス中に広ま
っていった。

　1790 年頃にはアメリカでも日曜学校が広まり，都市部の労働者
の子どもやフロンティアの農民の子どもにとって読み書きや算数な
どを学べる場となった。人口の少ないフロンティアの村では，教会
よりも先に日曜学校が設立されることもあった。

　1820 年頃には，メソジスト派やバプテスト派が日曜学校を伝道

フロンティアでの日曜学校
The Miriam and Ira D. Wallach Division of Art, Prints and Photographs: Picture Collection, The New York Public Library. (1883). *The pioneer Sunday school* Retrieved from

と結びつけるようになった。また 1830 年代になると公立学校も普及した。そのため日曜学校は読み書きや算数といった教育から，キリスト教信仰の基礎や聖書の知識を教える場に様変わりした。同時に各教会が，教会員とその子どもたちを教えるための教会学校を始めるようになった。

　南北戦争が終わると，日曜学校は南部に広がった。南部の日曜学校は北部から派遣された教師によって個人宅や店先で開かれ，解放されたアフリカンアメリカンの識字教育の最前線となった。このように日曜学校は，アメリカで公立学校の制度が整うまで貧しい子どもたちに学びの機会を提供した。

　アメリカ日曜学校同盟（American Sunday School Union）は 1824 年に，教派を超えた信徒の力によって組織された。同盟は日曜学校の教材の開発と出版，開拓時代の西部や南北戦争後の南部への教師の派遣を行った。ピクニックや出席カード，暗唱聖句大会のアイデアもこの同盟から広がった。1870 年代には大人から子どもまで，同じ聖書箇所を学ぶことを意図した国際統一教案（International Uniform Lesson）が発表された。

　日曜学校あるいは教会学校は昔も今も，信徒が主体となって進めるものである。1920 年代にはカリキュラムや教材の開発などを行

い，教会教育に関わる信徒を指導できる専門知識を持ったキリスト教教育主事（Director of Christian Education）というポジションが生まれた。神学校は教育主事養成コースを設置し，同時に信仰発達に関する理論も研究された。この教育主事は信徒の職であり，教会学校の教師も信徒であった。このことから教会教育の主体はあくまで信徒であったことがわかる。

　世界日曜学校協会（the World Sunday School Association）が 1907 年に組織され，この協会の支援によって日本にも 1907 年に日本日曜学校協会ができた。1889 年から世界日曜学校大会が世界各地で開催され，1920 年には東京で開催された。この世界日曜学校協会は 1950 年に世界キリスト教教育協議会（the World Council of Christian Education）となり，71 年には世界教会協議会（the World Council of Churches）に合流した。

トラクト協会

　アメリカ・トラクト協会は 1825 年に設立された。「トラクト」とは 10 ページ程度の短くて軽いキリスト教の読み物のことである。頒価を 1 セントに抑え，できるだけ無料で配布された。トラクトは病院や刑務所，駅などに配布され，伝道に広く活用された。兵士はトラクトを携えて戦場に赴き，商人はフロンティアへ出かけた。人々は渡されたトラクトを繰り返し読み，読み終わると別の人に渡していた。

リバイバルと奴隷制廃止論

　独立から南北戦争までの間に起きた最大の出来事に「リバイバル」（revival，信仰復興）がある。これは一度冷めてしまったアメリ

カ人の信仰心を蘇生させようとする運動である。リバイバルは信仰心のみならず，奴隷制廃止運動を推進することで白人の良心をも覚醒させた。

　今日でも教会では，人々の信仰心を目覚めさせて全生活を信仰に捧げるよう勧めることを「リバイバル」と呼ぶ。また，伝道集会が「リバイバル集会」と銘打って開かれることもある。

大学から始まったリバイバル

　独立期のハーヴァードやイェールといった大学出のインテリ層の間では，聖書や信仰書よりもジョン・ロックやトマス・ジェファソンなどによる人間の理性に基づいて普遍的な道徳を打ち立てようとする啓蒙主義の書物がよく読まれた。しかし神の意思に基づいた共同体を作ろうとするピューリタン的理想も完全に廃れてしまったわけではない。なぜならこの当時のインテリ層にとって，ピューリタン的共同体の理想像と啓蒙主義的な理想は矛盾していなかったからである。

　イェール大学はピューリタンの信仰を守るために設立された大学であった。しかしティモシー・ドワイト（Timothy Dwight, 1752-1817）が学長に就任した 1795 年当時，学生は聖書にも信仰書にも目もくれないような状態であった。学長に就任するとドワイトは，学生や教師に信仰に立ち戻るよう粘り強く訴えた。彼の努力の結果，1802 年には多くの学生が回心した。彼らの多くが卒業後牧師となって人口が急増した西部に赴き，リバイバルのうねりを広げることになった。

キャンプ・ミーティング

　リバイバルはフロンティア（西部開拓地）において圧倒的な成功を収めた。アメリカは独立戦争から南北戦争までの間に，アパラチア山脈を越え太平洋に向かって急速に領土を拡大した。フロンティアというのは，1 平方マイル（約 2.6 平方キロメートル）内にだいたい 1 家族が住んでいる所をいう。このような場所では，町にある教会に日曜日ごとに出席するのは難しかった。そこで 1800 年頃からキャンプ・ミーティングというものが開かれた。

　キャンプ・ミーティングとは大規模な野外伝道集会のことである。参加者は家族ぐるみで――奴隷州では自分たちの世話をする奴隷もそこに含まれる――食料を携えて何日も馬車に揺られてやって来る。集会は何日にもわたって続けられた。参加者は広いキャンプサイトのあちこちで日夜続けられる説教に耳を傾け，祈り，歌った。

　こうしたキャンプ・ミーティングで語られる説教は，人間の罪に対する神の激しい怒りと厳しい裁きを強調し，罪の自覚と回心を迫るもので，誰にでもわかる言葉で語られた。

　歴史的に最も有名なキャンプ・ミーティングは，1801 年にケンタッキー州ケーンリッジ（Cane Ridge）で開かれたものである。この集会には 2 万人以上の人々が参加した。長老派やバプテスト派，メソジスト派とい

フロンティアでのキャンプ・ミーティング。キャンプの異様な雰囲気をうかがい知ることができる。

った教派に属する 25 人ほどの説教者たちが，キャンプサイトのあ
ちこちで何度も説教を続けた。記録によると，人々の中には興奮の
あまり突然倒れる者，大声で笑い出す者，犬のように吠える者まで
おり，異様な雰囲気であったという。この集会は一週間続いた。

　このようなキャンプ・ミーティングによって，長老派やバプテス
ト派，メソジスト派といった教派がフロンティアで教勢を拡大させ
た。しかし 1830 年代に入るとキャンプ・ミーティングは下火にな
っていった。

チャールズ・G・フィニー

　リバイバルを語る上でチャールズ・G・フィニー（Charles G.
Finney, 1792-1875）は最も重要な人物である。彼は 1792 年にコネ
ティカットで生まれ，ニューヨークで弁護士として働いた。しか
し 29 歳の時に聖書を学んで回心した。その 2 年後には牧師として
按手を受け，フィラデルフィア，ボストン，ニューヨークなどで
伝道活動を展開した。そして 1835 年にはオーバリン大学（Oberlin
College）の神学教授となった。

　フィニーの教えはカルヴァン主義の立場を取っていたが，個人の
自由意志と神の恵みの両方を強調した。すなわち，人間は罪人であ
っても神の恵みによってキリストの救いを選び取る力は残されてお
り，救いを求める人はまず，神の命令に従う心の準備をしなければ
ならないと説いたのである [1]。

　彼のユニークな伝道の手法の中でも，「特別席」（anxious seat また

---

1)　フィニーの代表的説教「信仰復興（リバイバル）に関する説教」は荒こ
のみ編『史料で読むアメリカ文化史　第二巻』東京大学出版会，2005 年，
173-183 頁に所収。

は bench）は特筆すべき点である。これは講壇のすぐ前の席で，罪
の赦しを得たいと望みながらもまだ回心していない人のための席で
あった。彼は説教の中で，そこに座る人の具体的な罪を挙げながら
回心を迫った。会衆はその人が回心する姿を見て，自ら回心するの
である。

　ところでフィニーは女性に対して，伝道集会で演説したり，買春
や奴隷制の廃止を訴える運動を組織したりするように促した。当
時，女性が活躍する領域は家庭とされていた。そのため女性が公の
場で話をしたり，社会活動を組織したりすることを許さない風潮が
あった。そのためこのことで彼は世間から非難された。しかしこの
リバイバルの時代に中流の白人女性キリスト者が組織した社会活動
から禁酒運動ひいては女性参政権運動が萌芽したのである。そのた
め，リバイバルにフェミニズムのルーツを求める研究者もいる。

　またフィニーは奴隷制廃止論者（abolitionist）でもあった。彼に
とって奴隷制は罪であり，信仰のリバイバルと罪なき新しい生活と
は切り離すことができないものであった。彼は説教の中で，リバイ
バルと新しい生活が千年王国（世の終わりに来たるべき黄金期のこと）
をもたらすことができると説いた（後千年王国説）。彼は教会が奴隷
制度を批判しないことは，それを認めていることであると訴えた。
彼はこの主張を徹底させて，奴隷所有者が聖餐式に参加することを
禁じた。

　彼のこの断固たる姿勢はオーバリン大学の教員となってからも堅
持され，学生たちに強い影響を及ぼした。1850 年に逃亡奴隷取締
法が制定された際には，人間の定めた法が道徳法に矛盾する時や良
心の権利を侵害する場合，これに服従しない義務が人にはあるとす

る「市民的不服従」(civil disobedience) の原則を主張した[2]。この原則から彼は後に述べるように，オーバリン大学が南部からのアフリカ人奴隷の逃亡に積極的に関わることをよしとした。

レーン神学校の反逆者たち

フィニーの姿勢にも見られるように，リバイバルと奴隷制廃止運動の間には密接な関係がある。これを象徴する出来事が 1834年，オハイオ州シンシナティのレーン神学校 (Lane Theological Seminary) で起きた。

レーン神学校はリバイバルの風潮が高まる中，1829 年に西部で働く長老派の牧師を養成する学校として設立された。1832 年にはフィニーの影響を強く受けたリバイバリストの一人ライマン・ビー

チャー (Lyman Beecher, 1775-1863) が学長に就任した。レーン神学校はアフリカ人を学生として受け入れ，白人学生とともに学ばせた最初の神学校でもあった。

ここにセオドア・ウェルド (Theodore Weld) という学生がいた。彼は入学前からすでにフィニーの影響を受けたリバイバリストとして，また禁酒運動や労働教育の推進者と

レーン神学校のあったシンシナティには，最初のアフリカン・アメリカンの神学生の銅像が置かれている。(著者撮影)

---

2) 「市民的服従」は，1840 年代にヘンリー・ソロー (Henry David Thoreau, 1817-1862) によって提唱された。

しての実績を持っていた。ウェルドは奴隷制廃止論者であり，当初からレーン神学校を奴隷制廃止運動の拠点にする意志を持って入学してきたのである。彼は周囲の学生をつかまえ，奴隷制について議論し，すべての学生を奴隷制廃止論者にした。そして「実践なき信仰は死んでいる」という理念のもと，学生たちは自分たちの住むシンシナティのアフリカ人の地位向上を目的とした組織を作り，識字教育などの活動を行った。

　このような学生の動きは地域から非難された。1834年の夏，神学校理事会は学生に対して奴隷制について議論したり，アフリカ人の地位向上のための活動をしたりすることを禁じ，学生側に立ったジョン・モーガン教授を解任した。この理事会の措置に抗議して，ウェルドをはじめ奴隷制廃止を主張する学生たち75人が神学校を退学した。彼らは「レーンの反逆者たち」（the Lane Rebels）と呼ばれた。

　退学した学生たちの約半数は，創立間もないオーバリン大学（Oberlin College）に移った。オーバリン大学は創立された1833年から男女共学であり，1835年にはアフリカ人学生を受け入れた。いずれもアメリカ初のことであった。オーバリン大学は奴隷制廃止運動の拠点となり，南部の奴隷を北部やカナダに脱走させる「地下鉄運動」の重要な「駅」の役割も果たした。「レーンの反逆者たち」の数人は牧師としてオーバリン大学を巣立ち，奴隷制廃止運動において重要な役割を果たす者もいた。

　ちなみに東京にある桜美林大学は，このオーバリン大学を卒業した清水安三により設立された。「桜美林」の名は母校「オーバリン」にちなんでいる。

南北に分裂した長老派，バプテスト派，メソジスト派

リバイバルによって教勢を拡大した長老派，メソジスト派，バプテスト派は，奴隷制をめぐって北と南に分裂した。そしてこの分裂を癒すのに長い期間を要した。これらの教派の南北分裂は日本のキリスト教を理解する助けにもなる。

長老派

大覚醒時代，長老派内では伝統的なカルヴァン主義神学を堅持し大覚醒に批判的なオールドサイドと，大覚醒を支持するニューサイドの対立が発生していた。

この対立は独立後のリバイバルの際にもオールドスクール（old school）対ニュースクール（new school）というかたちで再燃することになった[3]。オールドスクールは人間が自らの力で回心することを促すリバイバル運動に反対し，予定論を含めた伝統的なカルヴァン主義――「ウェストミンスター信仰告白」（1646 年）がその要となる――を堅持した。他方ニュースクールはリバイバルを支持し，「ウェストミンスター信仰告白」に示された教えを柔軟に解釈する傾向があった。またニュースクールはリバイバルの経験から教派意識も柔軟で，組合派との合同を企図した中会もあった。このことはオールドスクールからの猛烈な反対にあった。またニュースクールの多くは奴隷制廃止運動に積極的に取り組んだのに対して，オールドスクールは消極的であった。

1810 年，フロンティアのリバイバル派はカンバーランド長老派

---

3) ここで「サイド」が「スクール」となる。

として長老派から独立した。その後1830年代，ニュースクールとオールドスクールはウェストミンスター信仰告白や長老職，奴隷制といった多岐にわたる問題をめぐって激しく議論を重ねた。

　奴隷制をめぐって北部と南部の対立が深まってきた1857年，南部の奴隷制を支持するニュースクール側の中会が大会を離脱し，長老派連合大会（the United Synod of the Presbyterian Church）を形成した。南部のオールドスクールはそれでも長老派大会に留まった。しかし南北戦争勃発後，南部のオールドスクールの中会が南部同盟長老派教会（the Presbyterian Church in the Confederate States of America）を形成した（1861年）。そしてこの二つの南部の長老派は一つになった。南北戦争後，この南部の長老派は合衆国長老派教会（the Presbyterian Church in the United States）となり，一般的には「南長老派教会」と呼ばれた。南部と北部の対立は根深く，再び南北の長老派が合同したのは100年以上が経った1983年のことであった。

　1859年には北部の長老派がJ・C・ヘボンを日本に派遣し，アメリカ改革派教会はS・R・ブラウンらを派遣した。両教派は日本では密接な協力関係を持って伝道を行った。ここから日本基督教会が生まれる。明治学院もこうした流れから生まれた。

　南長老派も北部の長老派にやや遅れて，高知や名古屋を皮切りに日本宣教を行った。日本キリスト改革派教会のルーツは南長老派の日本での活動に由来する。名古屋の金城学院は南長老派の宣教師により設立された。また日本初のホスピスで有名な淀川キリスト教病院は，1955年，南長老派教会婦人会の誕生日献

YODOGAWA CHRISTIAN HOSPITAL
Dedicated to the glory of God and the salvation
of man through the ministry of healing.
Given by the Women of the Church,Presbyterian Church,U.S.
March 8. 1956

淀川基督教病院
癒しの奉仕に依り人の救と神の栄光の
爲にこれを捧げる　　米國南長老教會婦人會
一九五六年三月八日

淀川キリスト教病院の玄関のレリーフ
（現在は病院歴史館に展示）

金全額が捧げられて建てられた。この病院の法人名「宗教法人在日本南プレスビテリアンミッション淀川キリスト教病院」はそのルーツを今に伝える。

バプテスト派

バプテスト派の南北分裂は，アメリカ・バプテスト国内伝道協会（the American Baptist Home Mission Society）をめぐったものであった。この協会は西部伝道のための組織である。1844年に開催された会議において，北部の即時奴隷制度廃止論者である参加者から，奴隷所有者を宣教師として派遣すべきではないという問題提起がなされた。

1845年，奴隷制の維持を主張する南部のバプテスト派は，南部バプテスト連盟（the Southern Baptist Convention）を組織した。1846年には北部のバプテスト派がアメリカ・バプテスト宣教同盟（American Baptist Missionary Union）を再編した。これにより北部と南部のバプテスト派は別々に西部伝道を行うようになった。南北戦争が始まると南部バプテスト連盟は南部の政府を支持して北部を批判し，アメリカ・バプテスト連盟は北部の政府を支持して南部を批判した。

アメリカのバプテスト派はこうして分裂したまま現在に至っている。北部はアメリカン・バプテスト同盟（American Baptist Church），南部は南部バプテスト連盟（Southern Baptist Convention）である。ここからいくつもの教派組織が分裂して今日に至る。

日本へは1873年に北部のアメリカ・バプテスト宣教同盟がジョナサン・ゴーブルとネイサン・ブラウンを，1889年に南部バプテスト連盟がJ・W・マッコーラムとJ・A・ブランソンをそれぞれ派遣した。そのため日本にはアメリカン・バプテスト同盟と関係の深

い日本バプテスト同盟と，南部バプテスト連盟にルーツを持つ日本
バプテスト連盟が存在している[4]。沖縄には沖縄バプテスト連盟が
ある。その他にも保守的なバプテスト派がいくつも存在している。
九州の西南学院は南部バプテスト連盟の宣教師によって，横浜の関
東学院はアメリカン・バプテスト同盟の宣教師によって設立され
た。

メソジスト派

　メソジスト派は創始者であるジョン・ウェスレーが奴隷所有に反
対していたこともあり，かなり早い段階で同派に属する者が奴隷の
売買に関与することを禁止する規則を設けていた。しかし19世紀
になると，その規則も南部では有名無実化されてしまっていた。
1830年代頃から，メソジスト監督教会の年会において信徒の奴隷
所有問題に関する表面的な議論は交わされたが，実質的なことは何
も決まらなかった。

　このことに業を煮やした一部の奴隷即時解放派のメソジスト派
は，オレンジ・スコット（Orange Scott, 1800-1847）の指導のもと
1842年にメソジスト監督教会から離脱し，翌年にはウェスレア
ン・メソジスト教会（the Wesleyan Methodist Connection）を組織し
ている。この教派は奴隷制廃止や禁酒といった社会問題に取り組ん
だだけでなく，監督制にも反対した。

　1844年のメソジスト監督教会の年会は，ジョージアの監督の
奴隷所有をめぐって紛糾し，翌年に南部メソジスト監督教会（the
Methodist Episcopal Church, the South）が組織された。南北のメソジ

---

4)　現在日本バプテスト連盟は，南部バプテスト連盟の保守化などを理由に
距離を取っている。

スト教会が再び合同するのは1939年のことである。

　日本には1873年にメソジスト監督教会（古くは『美以教会』と表記），1880年にメソジスト・プロテスタント教会（『美普教会』と表記）が宣教師を派遣した。南部メソジスト監督教会（『南美以教会』）はやや遅れて，1886年に日本伝道を開始した。学校で言うと青山学院は北部のメソジスト監督教会，名古屋学院はメソジスト・プロテスタント教会，関西学院は南部メソジスト監督教会にルーツを持つ。

復古運動と「キリストの教会」

　リバイバル期に起きた復古運動（restorationism）あるいはストーン・キャンベル運動は，教会の原点である新約聖書に描かれた初代教会の姿を復活させようとする試みである。この試みは礼拝形式，教会組織，信仰実践といったあらゆる面に及んだ。教会組織においては教区組織や教職制度を廃し，各教会が完全に自立した制度を敷き，礼拝面では音楽により修飾された形式を廃し，なるべく単純・素朴な礼拝を守ろうとした。また信仰面では信仰告白や信条を通さず，新約聖書から直接学ぶこととした。

　この運動は長老派でケンタッキー州ケーンリッジのリバイバルのリーダーであったバートン・W・ストーン（Barton W. Stone, 1772-1844）とトマス・キャンベル（Thomas Campbell, 1763-1854），そしてその息子のアレクサンダー（Alexander Campbell, 1788-1866）により開始された。ストーンは教派を否定した「キリスト者のみ」（Christians Only），または単に「キリスト者」（Christians）という集いを，キャンベルたちは教派や信仰告白を廃して聖書のみを唯一の権威とした「キリストの弟子」（Disciples of Christ）という集いを始

めた。

1830 年代になると，ストーンとキャンベルの集いはクリスチャン教会ディサイプル派（Christian Church〔Disciples of Christ〕）として合流した。この時点での信徒数は約 2 万人であった。この運動はケンタッキーから中西部を中心に広がった。信徒数は 1850 年代にはおよそ 11 万 8 千人，1860 年代にはおよそ 19 万 2 千人にまで伸びた。

この復古運動は，礼拝の「素朴さ」やモダニズムに関する考え方をめぐって分裂していく。まず 1900 年頃に，保守的なグループがチャーチ・オブ・クライスト（Church of Christ）を名乗った。この場合の「保守的」とは，カルヴァンやルターといった神学のフィルターを完全に取り払って聖書の啓示に到達しようと試み，また新約聖書に書かれた「キリスト者の群れ」に自分たちを近づけようとすることを言う。このグループは礼拝でオルガンなどの楽器を使用しない。

また 1920 年代には，北部のディサイプル派がリベラルな神学に影響されていく中で，それに反発するグループがクリスチャン・チャーチ（Christian Church）として分裂した。

いずれのグループも日本に宣教師を派遣している。キリスト教主義学校で言うと，茨城キリスト教学園はチャーチ・オブ・クライストに，埼玉の聖学院はディサイプル派にルーツを持つ。

新しい教派の誕生

リバイバルの時代には長老派やバプテスト派，メソジスト派が急成長しただけでなく，アメリカ生まれの新しい教派が次々に誕生した。ここで最初に紹介するユニテリアン・ユニバーサリストは，啓

蒙主義的ヒューマニズムや合理主義を系譜とする。それに対して次に紹介するセブンスデー・アドベンチストとモルモン教はリバイバルを起源とする。

ユニテリアン・ユニバーサリスト

ユニテリアンは「三つにいましてひとつなる神」という伝統的なキリスト教の試金石であった三位一体（Trinity）の教義を否定し，神は「唯一ひとり」の統一的な存在（Unity）であると考える。またユニテリアンは，イエス・キリストの神格を認めない。さらにユニテリアンは，カルヴァン主義者が人間は生まれながらにして罪人であり，キリスト以外に救いなしと主張するのに対抗し，人間は神と同じ「霊的本質」を持つと唱えた。ゆえに真の宗教とは，至高の存在に自らを近づけようとすることであると彼らは主張した。

一方ユニバーサリストは，神の普遍的な愛はキリスト者だけでなく全人類を救うとする考え方である。ユニテリアンとユニバーサリストは当初は別の集まりであったが，思想が類似していたことから現在では一つの教派，ユニテリアン・ユニバーサリストである。

ユニテリアンの歩み

ユニテリアンは 19 世紀の初めに，ボストンを中心に組合派教会内部で広がった。その思想は大学でのインテリ層の心をつかんだ。彼らはもともと大覚醒やリバイバルになじめなかった。

最初にユニテリアニズムを公式の教義としたのは，ボストンのアングリカン教会（聖公会）のキングス・チャペルであった。これが 1785 年のことである。それ以降，ニューイングランドのピューリタン以来の伝統ある組合派教会が次々とユニテリアニズムに転じた。

　この考え方は自由主義的な神学が盛んだったハーヴァード大学でも広がった。1805 年には神学教授と学長のポストにユニテリアンと見なされていた人物が就任した。こうしたハーヴァードの風潮に耐えられなかったカルヴァン主義の伝統的プロテスタントの教授たちは，1807 年にアンドーヴァー神学校（Andover Theological Seminary）を設立してハーヴァードを去った。1816 年にはハーヴァードに神学部（Harvard Divinity School）が設立された。学生にも教授にもユニテリアンが多いハーヴァードは「ユニテリアンの牙城」と考えられていた。19 世紀前半のユニテリアンの代表的指導者はウィリアム・チャニング（William Ellery Channing, 1780-1842）であった[5]。

　ラルフ・エマソン（Ralph Waldo Emerson, 1803-1882）はもともとユニテリアンの牧師であったが，ドイツの観念論哲学やイギリスのソローやワーズワースといった人々との出会いの中で，ユニテリアニズムをさらに徹底させた超越主義（Transcendentalism）を主唱した。彼はイエスを私たちと同じ人間と見なし，人間の偉大さを説いた。人間の精神には，実在を把握するための感覚的な経験を超越した内在的な力がある。自然を探求することによって得られる「自己認識」の獲得と，人間を超越する「大霊」（the Over-Soul）の存在を認め，これと調和して生きることを人々に勧めた。

　エマソンはこのような超越主義を，『自然論』（1836 年）やハーヴァード大学での講演（1838 年）で提唱した。また 1836 年に形成した「超越クラブ」（the Transcendental Club）はボストンの上流層に拡

　5）　*Unitarian Christianity* (1819) と *A Discourse at the Ordination of the Rev. F. A. Farley* (1828) の 2 つの有名な説教は，ユニテリアニズムを理解するための手がかりである。

大していく。このエマソンの考え方は,『ウォールデン　森の生活』
や『市民の抵抗』を著したヘンリー・ソロー,また日本の徳富蘇峰
や北村透谷に影響を与えた。

　19世紀の4半世紀にわたってユニテリアンは組合派教会内部で
拡大した。組合派内の穏健な人々はユニテリアニズムやリバイバル
の影響を受けてカルヴァン主義神学を修正しながらも,そこに留ま
ろうとした。後にレーン神学校の学長となったリバイバリストのライ
マン・ビーチャーは,ユニテリアンの拡大を食い止めようと躍起
になっていた。

　1825年にユニテリアンは,125の教会をもってアメリカ・ユニ
テリアン協会（American Unitarian Association）を組織し,組合派か
ら独立した。ユニテリアンはセントルイスやシカゴ,サンフランシ
スコなどに次々と地方組織を作っていったものの,その他の地域で
はあまり伸びることがなかった。

ユニバーサリストの歩み

　ユニバーサリスト（万人が終局的には救われると唱えるキリスト教
の一派）はジョン・マーレー（John Murray, 1741-1815）やエルハナ
ン・ウィンチェスター（Elhanan Winchester, 1751-1797）によって広
められた。最初の教会は1779年にマサチューセッツのグロスター
に設立され,その後ニューイングランドに広がった。1852年には
タフツ大学（Tufts University）を設立し,アメリカの教育界にも貢
献した。

ユニテリアン・ユニバーサリストとしての歩み

　ユニテリアンとユニバーサリストは,教義が類似していることや
同じ地域の同じ社会階層に根づいていることから早くから交流があ

った。1961 年に両派は合同した。現在はユニテリアン・ユニバー
サリスト協会（the Unitarian Universalist Association）と呼ばれている。

　ユニテリアンもユニバーサリストも，アメリカでは社会的に最も
進歩主義的な立場を取り続けている。例えば 19 世紀には，ボスト
ン周辺の即時奴隷制廃止運動の一翼を担った。また 20 世紀にはア
フリカンアメリカンの公民権運動を支持し，早くからゲイ・レズビ
アンの人権を擁護した。

　現在でもユニテリアン・ユニバーサリストを「異端」とするキリ
スト教の教派は多い。しかしリベラルなキリスト者は，社会正義の
ための取り組みや教職養成といった分野でユニテリアン・ユニバー
サリストと交流を持っている。

　日本には 1887 年にユニテリアンが宣教師を送り月刊誌『ゆにて
りあん』が発行され，唯一館が建設された。ユニバーサリストは
1890 年に「宇宙神教」として日本での伝道を開始し，後に日本同
仁教会へと名称を変更した。

ミラー運動とセブンスデー・アドベンチスト

　1816 年のある日曜日，ニューヨーク州の農民にしてバプテス
ト派の熱心な信徒ウィリアム・ミラー（William Miller, 1782-1849）
が，イエス・キリストが人類を救うべく再びこの世界にやって来
る――これを「再臨」と言う――のは，1843 年 3 月 21 日から翌
年の 3 月 21 日の間であるという説教を行った。彼は辞書や解説書
などを一切用いずに，コンコルダンス（語句索引）のみを参考に聖
書を読み，ダニエル書とヨハネの黙示録――特にダニエル書 8-9 章
――に書かれた数字を計算して再臨の日を割り出した。これがミラ
ーによる再臨運動の始まりである。

　この再臨運動は全米各地に広がっていった。この運動が失望の

うちに終わった 1844 年の時点では，5 万人もの人々がミラーに同調していた（100 万人が同調していたという説もある）。この中には仕事を辞め，全財産を投げ出してしまった者までいた。ところが 1843 年 3 月からの 1 年の間に再臨は訪れなかった。そこでミラーは，1844 年 10 月 22 日こそが再臨の日であると主張を改めた。その夜，再臨を待ち望む人々の中には，再臨したキリストに少しでも早く見つけてもらおうと木に登った者もいたという。しかし，この日にもキリストは現れなかった。

　多くの同調者がミラーの再臨運動から離れて行ったが，一部の人々はキリスト再臨への希望を新たにして集まりを続けた。ここからセブンスデー・アドベンチストが誕生した。このグループは預言者エレン・G・ホワイト（Ellen G. White, 1827-1915）が神から直接受けたという預言に従いながら，土曜日を安息日として遵守したり——これはすでにグループの中にいたセブンスデー・バプテストという教派の出身者から受け継いだことであるが——，禁酒・禁煙に加えて菜食主義を柱とする健康改革を行ったりした。

　ちなみにアメリカ人の朝食と言えばコーンフレークであるが，これはセブンスデー・アドベンチストの健康改革が生み出したものである。それ以前の朝食と言えば，前日の残りの肉といった高カロリーなものであった。これに対してセブンスデー・アドベンチストの医師であるジョン・ケロッグ（John Harvey Kellogg）がもっと穀物を食べることを勧め，コーンフレークを考案した。後にケロッグはセブンスデー・アドベンチストと袂を分かつことになるが，コーンフレークは「ケロッグのコーンフレーク」として全米各地に，そして世界中に広まっていくことになった。

　現在セブンスデー・アドベンチストには，世界中に 1000 万人を超える信徒がいる。アメリカとカナダには約 4600 の教会があり，

信徒数は約80万人に上ると言われている。1896年には日本伝道が始まり，現在は100を超える教会と1万人あまりの信徒がいる。三育学院大学をはじめとする教育機関や病院，食品会社が同教団によって運営されている。

末日聖徒イエス・キリスト教会 (モルモン教)

　ユタ州にソルトレイクシティという美しい都市がある。2002年冬季オリンピックがここで開催された。この都市は「モルモン教」の本部があることでも有名である。モルモン教の正式名称は「末日聖徒イエス・キリスト教会」(the Church of Jesus Christ of Latter Days Saints) である。モルモン教徒のミット・ロムニーが2012年の大統領選挙の共和党候補になった頃から「モルモン教」の認知度は上がり，新聞や雑誌を読んでいると彼らのことをMormonsではなくLDSと表す記事が増えたように感じる。

　そのモルモン教のルーツは，ジョセフ・スミス (Joseph Smith, 1805-1844) がニューヨーク州のパルミラの森で天使モロナイに告げられて「金板」を掘り出したことにある。この「金板」には古代エジプト語のような文字で，キリストの時代以前にイスラエルからアメリカ大陸に渡った預言者リーハイとその息子ニーファイとレーマンの物語が記されていた。この金板を目にしたのはスミスを含め数人のみであるが，スミスは不思議な石を用いてこの金板を英語に訳した。これが『モルモン書』(the Book of Mormon) である。

　『モルモン書』によると，紀元前600年頃にバビロニアの攻撃によってエルサレムが滅びた時，イスラエル人のリーハイとその家族が，故郷を捨てて海を渡れという神の命令に従ってアメリカ大陸に渡って来たという。これが北アメリカの先住民のルーツであると彼らは信じたのである。

キリスト教が聖書のみを聖典とするのに対して，モルモン教は聖書に加えて『モルモン書』『教義と聖約』『高価な真珠』を聖典としている。また彼らは父なる神，子なるイエス・キリスト，聖霊は別の存在であるとし，ほとんどのキリスト教の教派が「正統」の基準とする三位一体論とは異なる立場を取っている。1844年頃までモルモン教では一夫多妻制が正当な教義として認められていたが，後にこの教義は放棄され，現在のモルモン教はこれを実践していない。

モルモン教の迫害の歴史

1830年3月に『モルモン書』が出版され，4月には6人のメンバーで「キリストの教会」（Church of Christ）が組織された。「キリストの教会」と名乗ったことには，自分たちの運動こそがキリストの復活直後の原始教会を復古するものであるという自負がうかがえる。

彼らの教会は設立当初から，聖書以外に『モルモン書』を持つことや一夫多妻制を実践していることなどから周囲の住民から奇異の目で見られ，迫害を受けた。そのため彼らはオハイオ州，ミズーリ州，イリノイ州と，西へ西へと移住した。

1838年にイリノイ州クインシーの町の近くに，自分たちの町ノーブー（Nauvoo）を建設した。1844年にはモルモン教の信徒数は約2万人，ノーブーの人口は約1万2千人となった。ノーブーは独立した民兵を持ち，スミスは政治活動も盛んに展開した。

1844年6月，スミスは投獄されている時に暴徒に襲われ虐殺された。スミスの死後，ブリガム・ヤング（Brigham Young, 1801-1877）が指導者となり，信徒の多くをソルトレイクという湖の近くの荒地まで導いた。彼らはそこにソルトレイクシティを建設した。

信徒数は再び増加し，同時にモルモン教以外の移住者も増えた。

　1850 年にこの地は州として合衆国に加盟できるだけの条件を満たしていたが，連邦議会はこれを拒否した。その大きな原因はモルモン教の一夫多妻制にあった。そこで彼らは一夫多妻制を教義から削除した。そして 1894 年，ユタ州として合衆国に加盟した。

　現在のモルモン教はアメリカの保守派の一翼を担っている。特に家族道徳の尊重，中絶や同性婚反対については積極的に発言している。ユタ州にある大学スポーツでも有名なブリガム・ヤング大学（Brigham Young University）はモルモン教の大学である。

　モルモン教は海外宣教に熱心なことでも有名である。モルモン教本部の発表によると，世界中に約 1000 万人の信徒がいる。日本でもネクタイ・スーツにサイクリングヘルメットをかぶった若いモルモン教の白人宣教師をよく見かける。

南北戦争

　南北戦争はリバイバルの延長線上にあったと言える。奴隷制廃止論がリバイバルによって高まってきたことはすでに述べた。北部のリバイバリストは，戦争が奴隷制という罪に対する最終的な裁きを下すと断じた。それに対して南部の牧師たちは，奴隷の所有も神の摂理であると主張した。

　ユニテリアンで奴隷制廃止論者のジュリア・ウォード・ハウ（Julia Ward Howe）は，戦場に向かう北軍兵士の姿をヨハネ黙示録の描く光景と重ねて，『リパブリック讃歌』（*the Battle Hymn of the Republic*）を発表した。そのメロディは，ヨドバシカメラに行くと延々と聞かされるあれである。歌詞は神の怒り，神の罪に対する怒りと正義を宣言し，「グローリ，グローリ，ハレルヤ」と神の最終

南北戦争では，両軍のキャンプでリバイバルが起きた。

的な勝利を讃える。

戦争が始まると北部の教会も南部の教会も，そしてユダヤ教も多くのチャプレンを戦地に派遣した[6]。チャプレンはキャンプでリバイバル集会を開いた。また戦場で亡くなった者を葬った。野戦病院に派遣されたチャプレンは，そこで兵士たちの話を聴いたり，手紙を代筆したりした。また愛する者が亡くなったことを家族に伝えた。この戦争をきっかけに，チャプレンの養成制度や軍隊の中での位置づけについて議論されるようになった。

【課題】

・メソジスト派やバプテスト派がなぜこの時代に成長したのか調べてみよう。

・聖公会や組合派といった植民地時代からの伝統的教派がこの時代に直面した問題を調べてみよう。

・この時代のキリスト者たちは，奴隷制廃止論者も奴隷制維持を主

---

6)　「チャプレン」とは教会や寺院に属さず，軍隊や病院，学校に所属する聖職者（神父や牧師，ラビ，僧侶など）のことを言う。南北戦争の際にはカトリックやプロテスタント諸派の聖職者に加えて，ユダヤ教のラビもチャプレンとして軍隊に派遣された。現在のアメリカ軍には仏教やヒンズー教，イスラーム教などの「チャプレン」も所属している。

張する側も聖書を引用して自らの立場の正当性を主張した。それ
ぞれの聖書解釈を調べてみよう。

【より深く学ぶために】

高橋弘『素顔のモルモン教　アメリカ西部の宗教―その成立と展
　　開』新教出版社，1996 年。

チャールズ・フィニー著，角笛出版翻訳委員会訳『上よりの力』
　　角笛出版，2000 年。

真下剛「リヴァイヴァリズムと奴隷制廃止運動　『レーンの反逆』
　　を中心に」『同志社アメリカ研究』27 号（1991 年), 11-22 頁。

村上良夫『終末・預言・安息日　19 世紀アメリカとエレン・ホ
　　ワイトの安息日論』新教出版社，1998 年。

ランス・ワベルズ著，木島正敏訳『チャールズ・フィニー　霊的
　　力』いのちのことば社，2003 年。

Dayton, Donald W. *Discovering an Evangelical Heritage.* Peabody:
　　Hendrickson, 1976.

※デイトンの本は，「白人福音派」の台頭で曖昧になってしまっ
　　た「福音派」とは何かを，この時代のリバイバルにまでさかの
　　ぼって歴史的に説明する最も重要な本。

第4章
アフリカンアメリカンの教会

リバイバリストによる南部のアフリカ人奴隷への伝道

　リバイバルは，アフリカ人奴隷への伝道に熱く燃えた時代である。世界中のすべての人に福音を伝えようとするリバイバリストは，南部のアフリカ人奴隷にも福音を伝えようとして，南部のプランテーションに入って行った。奴隷所有者たちはキリスト教伝道者が奴隷たちに服従や懸命に働くことの大切さを教えてくれると考えて，彼らが奴隷に語りかけるのを許した。

　しかしリバイバルの伝道者たちは，自分の罪を悔い改め回心した者は，誰もが神のみに属すると説いた。このリバイバルの教えは過酷な生活を強いられていたアフリカ人奴隷たちに，自分たちは神の子として神のみに従属するという福音として受け入れられた。また出エジプト記の物語やイエスの物語は，出口のない苦しみの中に置かれた彼らの希望となった。このようにしてキリスト教は彼らの宗教になっていった。

　19世紀の初め，アメリカには約100万人のアフリカ人がいた。そのうち約1万5千人がメソジスト派，約2万人がバプテスト派であった。その他の教派や単立の教会にアフリカ人がどれくらいいたかは定かではない。独立革命後から南北戦争までの間に，4万人から5万人のアフリカ人がキリスト教に入信したと考えられてい

る。

　南北戦争が始まった 1861 年になると，教会の統計に表れる限り
で言うと，メソジスト派のアフリカ人は 20 万人を超え，バプテス
ト派でも 40 万人に達していたようである。アフリカ人のキリスト
者の数は確実に増加した。

　キリスト教がアフリカ人の間に浸透していくにつれて，奴隷所有
者はリバイバリストを快く思わなくなった。リバイバリストがしば
しば説教で，奴隷を酷使して贅沢な暮らしをする奴隷所有者の生き
方を「道徳的退廃」と批判したからである。このようなリバイバリ
ストが奴隷たちに語りかければ，奴隷たちは反抗や逃亡を企てるの
ではないかと考える者もいた。

ナット・ターナーの反乱

　1831 年の夏，ヴァージニアで奴隷による反乱が起きた。反乱の
指導者はナット・ターナー（Nat Turner, 1800-1831）であった。彼
はアフリカ人でバプテスト派の説教者であった。彼は神の声を聞
くことができたという。彼の企てた反乱には 40 人を超えるアフリ
カ人が加わった。反乱は 2 日程度で鎮圧されたが，その間に 60 人
近い白人が殺害された。反乱に加わった者は拘束，処刑されたが，
首謀者のターナーおよそ 2 か月後に捕まり，同年 11 月に処刑され
た。彼の処刑は，奴隷たちの間でイエスの十字架の姿と重ねて言い
広められ，解放を暗示するシンボルになった。

南部プランテーションの「見えない教会」と霊歌

　奴隷による反乱や逃亡を背景に，奴隷所有者は奴隷たちだけで行

プランテーションでの奴隷たちの説教集会。アフリカン・アメリカンの説教者が語っている。ここには奴隷所有者の家族も出席している。

う礼拝の中で白人への反抗心が芽生えないかと警戒するようになった。白人の奴隷所有者や監督者は奴隷たちに，日曜日には礼拝よりも飲酒や格闘技をせよと勧めた。

　そこで奴隷たちは，一方では白人の好むキリスト教信仰を受け入れているふりをした。説教者は奴隷たちに，表向きは所有者や監督に従順でいるよう勧めた。他方で奴隷たちは，自分たちのキャビンや森の中で深夜に秘密の集会を開き，自分たちの信仰を守った。これがいわゆる「見えない教会（invisible church）」である。彼らは白人にはわからないしぐさやサインを用いて，自分たちだけで集まっていた。

　この集会で説教者は，出エジプトの物語やイエスの物語を自分たちの解放の物語として，独特のリズムを持つスタイルで語った。そしてアフリカ人たちは，アフリカのリズム，歌，信仰をキリスト教と融合させて独自の黒人霊歌（Negro Spirituals）を歌った。太鼓やダンスは彼らの音楽に欠かせないものであった。これらの歌の中には聖書の物語に，自分たちの虐げられた状況への嘆きや解放への希望を織り込んだものも多く含まれた。*Go Down Moses*（行け，モーセ）や *Deep River*（深い河）が例として挙げられる。それだけではない。霊歌は奴隷を北へ逃亡させるための秘密の暗号としても用いられた。

南北戦争を経て奴隷制が終焉を迎えると，フィスク・ジュビリー・シンガーズといった黒人霊歌を歌う聖歌隊がこうした霊歌を収集し，全米各地で披露した。ここから

フィスク・ジュビリー・シンガーズ

「ゴスペル」という音楽ジャンルが生まれた。またアフリカンアメリカンの教会の礼拝では，説教者がアカペラで自分たちの物語，そして聖書の福音の物語を歌うと，それに合わせて会衆が歌う。ここからクワイアが生まれた。

アフリカンアメリカンの奴隷制廃止運動家とキリスト教

奴隷制廃止運動自体がリバイバル期の福音的キリスト教と深く関係していたことはすでに述べた。奴隷制廃止を訴えた多くのアフリカンアメリカンの運動家たちも，キリスト教との関わりを持っていた。ここではフレデリック・ダグラス（Frederick Douglass, c. 1817-1895）とハリエット・タブマン（Harriet Tubman, c. 1821-1913）の二人を紹介する。

フレデリック・ダグラスは奴隷として生まれたが，読み書きと算数を覚え，1838 年，ついに逃亡に成功した。彼は奴隷だった半生を振り返り奴隷制を強く批判した『自伝』を出版し，奴隷制廃止の

ための講演活動を行った。また奴隷制廃止論者の新聞『北極星』（*the North Star*）を発刊し，逃亡奴隷を北部へ逃すための組織「地下鉄運動」にも加わった。しかし彼の活動は，ジョン・ブラウン（John Brown, 1800-1859）が主張，実行した過激な奴隷解放運動とは一線を画した。

　彼は『自伝』の中で，キリスト教を「この国の奴隷所有者の宗教」として批判している。一方で同書の中では，クエーカーが逃亡中の彼をかくまったエピソードも紹介されている。また，彼はアフリカン・メソジスト監督ザイオン教会に所属していた。

　次にハリエット・タブマンである。彼女ももともと奴隷であったが，逃亡後に「地下鉄運動」に加わり，多くの奴隷をカナダへ逃した。「地下鉄運動」とは18世紀の初め頃から南部の奴隷たちを北部の自由州やカナダへ逃すネットワークである。南部の白人たちは逃亡した奴隷を必死に追跡しても北部に逃げ切られてしまうので，「やつらは北部に行く地下鉄を引いたに違いない」と毒づいたことからこの名がついた。この「地下鉄運動」の「駅」（隠れ家）や「車掌」

ジョン・ブラウンは武装闘争によって南部の奴隷制を終わらせようとした。1859年にヴァージニア州ハーパーズ・フェリーで20人ほどの仲間とともに連邦政府の武器庫を襲撃したが，失敗して反逆罪によって有罪となり，処刑された。彼は聖書と独立宣言をもとに全ての人間は平等であるという考えにいたった。

（案内人）の
役割を担った
者の中には，
タブマンのよ
うな元奴隷の
アフリカンア
メリカンや，
リバイバルの
影響を受けた
白人キリスト
者も含まれた。

地下鉄運動，先頭はハリエット・タブマン

1850 年代には
毎年 1000 人近い奴隷とされた人々が北部やカナダ，メキシコに逃
れた。

　タブマンは南部のアフリカンアメリカンのキリスト教の伝統の中
で育った。何らかのきっかけで神の声を聞くことができるようにな
ったことが，彼女にカリスマ性をもたらした。彼女はもともとメソ
ジスト派であった。晩年になってからはニューヨーク州のアフリカ
ン・メソジスト監督ザイオン教会に所属した。

　彼女の肖像を 20 ドル紙幣に用いることがオバマ政権下で決まっ
ていたが，トランプ政権では延期された。バイデン政権に代わり，
この計画が再び始動している[1]。

1)　『ハリエット』（ケイシー・レモンズ監督，2019 年）の公開にあわせて，
日本語で読めるタブマンの評伝がいくつか出版された。例えば，キャサリン・
クリントン著，廣瀬典生訳『自由への道　逃亡奴隷ハリエット・タブマンの生
涯』晃洋書房，2019 年，上杉忍『ハリエット・タブマン　「モーゼと呼ばれた
黒人女性」』新曜社，2019 年。

アフリカンアメリカンの諸教派

「教派」（denomination）というのは本来，信仰の内容や教会組織のあり方（『職制』とも言う），典礼の行い方の違いによって生じるものである。しかし実際のところ，個人はそうした信仰や職制の違いではなく，「居心地の良さ」によって所属する教派・教会を決める。そしてこの「居心地の良さ」とは，その個人の出身の言語や文化，階級（富裕層，農民，労働者など）によるところが大きい。北部のアフリカンアメリカンのキリスト者たちは差別的な扱いを受けながら白人の教会に通うよりも，自分たちの教会，教派を形成し，そこで自分たちの心に響く説教と音楽のスタイルを確立した。また南北戦争後，南部のアフリカンアメリカンは奴隷制を容認した白人の教会や教派から離れ，北部のアフリカンアメリカンの教派に属するか，自分たちの教派を形成した。

リチャード・アランとアフリカン・メソジスト監督教会

最初のアフリカンアメリカンの教派は，アフリカン・メソジスト監督教会（the African Methodist Episcopal Church，略称AME）である。この教派の設立者で最初の監督となったリチャード・アラン（Richard Allen, 1760-1831）は奴隷の子として生まれ，17歳の時にメソジスト派の信徒となった。彼には説教の才能があり，自分の家族や所有者，地域の人々に説教をするようになった。また彼は自力で読み書きを学んだ。ついには自分で自分の自由を買い取り，晴れて自由の身となった。

その後アランはフィラデルフィアで信徒説教者として活躍した。彼は町のあちこちで，一日に何度もアフリカ人の同胞たちに説教を

した。メソジスト監督教会の初代監督フランシス・アズベリーの勧
めもあって，1786 年，町のセント・ジョージ・メソジスト監督教
会は彼に，早朝にアフリカンアメリカンへの説教をすることを許可
した。

　1787 年のある日曜日，この教会で事件が起きた。ここでは 1 階
席に白人が座り，アフリカ人は 2 階席に座るよう定められていた。
ところがその日の朝，1 人のアフリカ人信徒が 1 階でひざまずいて
祈るのを，白人の教会役員が見とがめた。役員は祈りの最中である
にもかかわらず，そのアフリカ人を暴力的に排除した。これにより
アランとアフリカ人信徒たちはセント・ジョージ教会を去った。

　この後アランたちは鍛冶屋で礼拝を行った。ここからベテル教会
（the Bethel Church for Negro Methodists）が 1793 年に誕生した。白
人のメソジスト派の教職者や信徒の多くは，アフリカ人が自分たち
の教会を作ろうとする動きを歓迎しなかった。しかしそのような空
気を押し切って，アズベリーはアランらを執事に任命した。

　またアランはこの事件が起きた頃，フィラデルフィアの自助グル
ープとして自由アフリカ人協会（the Free African Society）を結成し
た。これは最初のアフリカ人によるアフリカ人のための組織であっ
た。

　1816 年になると，ベテル教会といくつかのアフリカ人の教会が
新しい教派としてアフリカン・メソジスト監督教会（AME）を結
成した。アズベリーはアランに，この教派の初代監督として按手
した。AME は，教理や職制の上ではメソジスト監督教会と何ら違
いがないので，設立当初はメソジスト監督教会の教規（the Book of
Discipline）を使用していた。

　AME は奴隷制度の即時廃止を求めて，アフリカ人のための学校
や高等教育機関の設立などの功績を残している。さらにアフリカや

カリブ海地域に宣教師の派遣を行ってきた。

　またAMEの歴代の監督の中で最も有名なのは，ヘンリー・マックニール・ターナー（Henry McNeal Turner, 1834-1915）であろう。彼は南北戦争中，アフリカンアメリカンの部隊にチャプレン（従軍牧師）として従軍した。戦後はジョージアに多くのAMEの教会を設立した。彼は人種差別を批判して，「神はニグロだ」という現代の「黒人の神学」につながる神学的テーゼを提唱した。

その他のアフリカンアメリカンの教派

　南北戦争が終わると，アフリカン・メソジスト監督教会とニューヨークで設立されたアフリカン・メソジスト監督ザイオン教会（African Methodist Episcopal Zion Church）が奴隷制から解放された同胞のために宣教師を南部に派遣した。南部のアフリカンアメリカンのメソジスト信徒たちは，南部メソジスト監督教会から離れて独自に礼拝を行うようになった。1870年にはもともと南部メソジスト監督教会に属していたアフリカンアメリカンたちがカラード・メソジスト監督教会（現，キリスト・メソジスト監督教会）を設立した。

　バプテスト派のアフリカンアメリカンの説教者たちも，南部を中心に活発に同胞たちに語りかけた。彼らも白人とは別の教会を形成しようとした。バプテスト教会では各個教会の独立を重んじる「各個教会主義」ゆえに，アフリカ人のみの教会を形成することは容易であった。南北戦争が終わるまでに，主に南部で200近いアフリカ人のバプテスト派の教会が形成されていたと考えられている。

　アフリカンアメリカンのバプテスト派の集会が連合して新しい教派を形成するまでには少し時間がかかった。それでも州や地域で協力関係が生まれ，そこからアフリカへ宣教師を派遣するグループも

あった。1895年にはアフリカ人のバプテストの教派として全国バプテスト連盟（the National Baptist Convention）が設立されている。

　なお1958年，アフリカンアメリカンの教派の神学校が連合してジョージア州アトランタに超教派神学センター（the Interdenominational Theological Center）を設置した。ここではアフリカン・メソジスト監督教会やキリスト・メソジスト監督教会，チャーチ・オブ・ゴッド・イン・クライスト教会（アフリカンアメリカンのペンテコステ派），バプテスト派などの神学校が協力して牧師を養成している。

南北戦争後の南部のアフリカンアメリカンのキリスト教

　1865年に南北戦争が終わり，約400万人の奴隷が解放された。彼らは自由以外には何も与えらなかったので，極度の貧困にあえいだ。奴隷制から解放された南部のアフリカンアメリカンは至急，自分たちで助け合えるコミュニティを形成し，学校を設置する必要があった。彼らのほとんどは文字が読めず，仕事の技術も持たなかった。

　北部の教会や伝道団体は戦後，南部に宣教師を派遣した。南部にやって来た宣教師たちが最初に感じたのは，識字教育の必要性であった。読み書きや算数は商売を始めるためにも，自分たちの権利を主張するためにも不可欠であった。

　そこで北部の宣教師は，日曜学校を各地で始めた。日曜学校は日曜日しか休みがない貧しいアフリカンアメリカンに識字教育を行う場であった。日曜学校は個人の家や店，納屋で開かれ，子どもだけでなく大人も学び，アフリカンアメリカンの識字率は向上した。この日曜学校の教師，教材，資金は北部の教会が提供した。

　また伝道団体の支援でアフリカンアメリカンの高等教育機関が

次々と設立された。「歴史的黒人大学」(historically black colleges and universities, HBCUs) と呼ばれる大学の中でも有名なフィスク大学 (テネシー州，1866 年設立)，ハワード大学 (ワシントン D.C.，1867 年)，アトランタ大学 (ジョージア州，1865 年) はこの時期に設立された。こうした大学で教師やコミュニティの指導者が養成された。

　政治の世界では，北部の力による奴隷制廃止を謳った憲法修正第 13 条 (1865 年)，アフリカンアメリカンも含めたすべての市民に公民権を保障する憲法修正第 14 条 (1866 年) が批准された。そして人種により投票権を制限してはならないと定めた第 15 条 (1870 年) も批准された。これにより南部の議会ではアフリカンアメリカンの議員が多数選出された。

　しかし南部のアフリカンアメリカンの選挙権は，当初から白人によって暴力的に妨害された。そして 1890 年代に入ると南部諸州は，憲法修正第 15 条に触れない形で州憲法に選挙権の条件として「人頭税」や「読み書きテスト」を導入することによりアフリカンアメリカンから選挙権を奪った。選挙権だけではない。南部では交通機関や学校，レストランなどにおける分離が始まった。増加するアフリカンアメリカンに対するリンチも深刻な問題であった。

アレクサンダー・クランメル

　南北戦争前後のアフリカンアメリカンのキリスト教指導者を語る上で忘れてはならないのが，アレクサンダー・クランメル (Alexander Crummell, 1819-1898) である。彼はニューヨークの比較的豊かなアフリカンアメリカンの家庭に生まれ，人種統合学校で教育を受けた。聖公会の司祭になることを希望したものの，聖公会のジェネラル神学校 (General Theological Seminary) は彼がアフリカン

アメリカンであることを理由に入学を拒否した。そこで彼は独学で神学を学び，1844年に聖公会司祭の按手を受けた。1848年には貧しいアフリカンアメリカン伝道のための資金を集めるためにイギリスに渡ったが，そこで金銭的な支援を受けてケンブリッジ大学のクイーンズ・カレッジで学んだ。

　1853年にケンブリッジを卒業すると，クランメルはアメリカには帰らず西アフリカのリベリアに渡った。リベリアは解放されたアフリカンアメリカンをアフリカに「送り返すこと」を目的に1816年に設立されたアメリカ植民協会によって入植が推進され，1847年に独立を宣言していた。そこで彼は20年近く伝道とリベリア・カレッジでの教育に尽力した。クランメルは教育を受け技術を持つアフリカ人が，アフリカをキリスト教化すると同時に文明化するべきであると主張した。しかしアメリカから入植した人々と現地人との対立に絶望し，リベリアを離れた。

　1873年，アメリカに戻ったクランメルは，ワシントンD.C.に主にアフリカンアメリカンが集う聖ルカ教会（St. Luke's Episcopal Church）を設立し，そこで司祭として働いた。教会での職を引退した後にはハワード大学で教鞭を取り，アメリカニグロ協会（the American Negro Academy）を設立してアフリカンアメリカンの文化や歴史に関わる学術研究を推進した。

解放理論をめぐるワシントン＝デュボイス論争

　このように南部では，アフリカンアメリカンの新たな苦難の時代が始まろうとしていた。この時アフリカンアメリカンの解放運動の基本方針をめぐって，2人のアフリカンアメリカンが激しい論争を繰り広げた。

　ブッカー・T・ワシントン（Booker T. Washington, 1856-1915）は，南北戦争が始まろうとする南部で奴隷として生まれた。戦後，彼は母親とともに塩を袋詰めする工場で働き，16 歳の時にハンプトン普通農業学校（Hampton Normal and Agricultural Institute，現 Hampton University）で学んだ。1881 年にアラバマ州タスキギーにアフリカンアメリカンの教員を養成するためのタスキギー学校（Tuskegee Normal and Industrial Institute，現 Tuskegee University）が設立され，ワシントンは初代校長となった。

　アフリカンアメリカンの地位向上についてのワシントンの主張は，1895 年 9 月のアトランタ綿花博覧会での演説「奴隷より立ち上がりて」に簡潔に示されている[2]。彼はアフリカンアメリカンに対して，白人と対等の権利を要求することをやめ，彼らと友好関係を結ぶよう勧告した。そうすれば白人からの援助が受けられる。それにより高度な技術を身につけ勤勉に働けば，やがて白人もアフリカンアメリカンの権利を認めるようになるであろう。同時に彼はこの演説の中で白人に対し，ストライキも労働争議もしないアフリカンアメリカンを支援すれば，彼らは勤勉に働きあなたがた白人に富をもたらすと説いた。彼の主張は白人から絶大な支持を得た。アンドリュー・カーネギーを筆頭に，大富豪たちがアフリカンアメリカンの職業訓練を拡充する彼の事業を援助した。

　このワシントンの立場を真っ向から批判したのが，W・E・B・デュボイス（William Edward Burghardt Du Bois, 1868-1963）である。彼はマサチューセッツ州で生まれ育った。彼が進学先として選んだのは，テネシー州のフィスク大学であった。つまり彼は，大学進学

---

2)　この演説の日本語訳は『史料で読むアメリカ文化史　第三巻』，301-307 頁，または荒このみ編訳『アメリカの黒人演説集』，201-207 頁。

を機に初めて南部に行ったのである。フィスク大学卒業後，彼はハーヴァード大学に進み，ウィリアム・ジェームズからプラグマティズムを学び，ドイツのベルリン大学で当時まだ萌芽期にあった社会学を学んだ。ブッカー・T・ワシントンが件のアトランタ演説を行った1895年に，彼はハーヴァード大学で博士号を取得した。

　1897年，彼は「歴史的黒人大学」の一つであるアトランタ大学の教員になった。ここで彼はアトランタのアフリカンアメリカンのコミュニティについての社会学的調査をコーディネートした。こうした研究が現在のアフリカンアメリカンスタディーズという学問領域の先駆けとなった。

　彼の代表作『黒人のたましい』（The Souls of Black Folk）は1903年に出版された[3]。本書の中で彼は，ワシントンに対する反論を展開している。ワシントンは，アフリカンアメリカンに政治参加，公民権の主張，高等教育の三点を放棄し，職業教育と富の蓄積および南部（白人）との融和に全力で努めるよう勧めている。しかしこれにより黒人は公民権を奪われ，低い社会階級に固定されて，高等教育を断念させられてしまうことになる。デュボイスはワシントンに強く反論する。「もし900万人が政治的権利をうばわれ隷属状態におかれ優秀な人間をそだてる機会をほとんどあたえられなかったとしたら，彼らが経済面で効果的に向上をかちとることが，理論的にも実際的にも可能であろうか？……それは断じて『ノー』である」[4]。

　そしてデュボイスは，ワシントンの職業訓練重視の方針に対して「才能ある十分の一」（the Talented Tenth）理論を打ち出した。す

3）　日本語訳は，木島始他訳『黒人のたましい』（岩波文庫）岩波書店，1992年。
4）　木島始他訳『黒人のたましい』（岩波文庫），76頁。

なわちアフリカンアメリカンの若者の中から才能のある者を選び，「向上心を刺激する教育，理想のなかでも最高の理想を設け，パンを得ることよりもその究極の目的として教養と品性を身につけることに意義を求める教育」（133頁）を授ける。彼らこそが解放運動の次世代の指導者になると言うのである。

　デュボイスは1910年にアトランタ大学を辞し，組織されたばかりの全米黒人地位向上協会（The National Association for the Advancement of Colored People，以下NAACP）に加わった。しかし植民地主義を克服しなければ人種の問題は解決しないと気づきパン・アフリカニズムに傾倒したことからNAACPとは袂を分かった。1934年にはアトランタ大学に復職し，ここで1944年まで学問研究に専念した。その後世界を旅して，波乱万丈の人生の最期を1968年にガーナで迎えた。

【課題】
- なぜアフリカンアメリカンは自分たちを虐げる白人の宗教であるキリスト教を自分たちの宗教としたのだろうか。
- アフリカンアメリカンのキリスト教の特徴を，参考文献などで調べて考えてみよう。
- フレデリック・ダグラス，アレクサンダー・クランメル，ブッカー・T・ワシントン，W・E・B・デュボイスといったこの時代のアフリカンアメリカンの指導者を一人選んで，その生涯について調べてみよう。
- 【より深く学ぶために】に挙げた逃亡した奴隷たちの自伝を読み，彼らの目にキリスト教がどのように映ったのか考えてみよう。

【より深く学ぶために】

黒崎真『アメリカ黒人とキリスト教——葛藤の歴史とスピリチュアリティの諸相』神田外語大学出版局，2015 年。

山下壮起『ヒップホップ・レザレクション——ラップ・ミュージックとキリスト教』新教出版社，2019 年。

以下の 2 冊はいずれも南部から逃げた人々の自伝である。

ハリエット・アン・ジェイコブズ著，堀越ゆき訳『ある奴隷少女に起こった出来事』(新潮文庫)，新潮社，2017 年。

フレデリック・ダグラス著，樋口映美監修，専修大学文学部歴史学科南北アメリカ史研究会訳『アメリカの奴隷制を生きる——フレデリック・ダグラス自伝』彩流社，2016 年。

第**5**章
移民の宗教

19 世紀の移民の急増

　南北戦争前，多くの移民がヨーロッパ各地からアメリカにやって来た。ヨーロッパでの食糧危機や政情不安を背景に，1820 年代には約 15 万人だった移民の数が，1850 年代になると 260 万人にまで増加した。ここにはカトリックであるアイルランド人，ルター派で英語を母語としないドイツ人やスカンジナビア人（ノルウェー，スウェーデン，フィンランド，デンマーク）が含まれていた。こうした移民の多くは出身国が同じ者同士で集まり，農地を求めて新しく合衆国に加えられた中西部に向かった。

　南北戦争後も移民の数は増え続けた。1860 年から 1900 年の間に，アメリカは約 1400 万人の移民を受け入れた。1880 年代になると，それまでのイギリス，アイルランド，ドイツ，スカンジナビアといった北欧・西欧からの移民よりも，イタリア，ポーランド，ギリシア，ロシアといった南欧・東欧からの移民が目立つようになった。このような移民を「新移民」と呼ぶ。新移民の多くは無一文でアメリカにやって来たため中西部に農地を買う余裕もなく，都市で工場労働者となり極貧にあえいだ。そして彼らによってカトリックや正教会，ユダヤ教といった宗教が急成長した。

ドイツ，スカンジナビアからの移民とルター派教会

　17 世紀にウィリアム・ペンの勧誘に応じてアメリカにやって来たドイツ人は，当時ヨーロッパで迫害を受けていたメノナイト派やアーミッシュであった。これに対してアメリカ独立後の 19 世紀にドイツやスカンジナビアからやって来た移民の多くは，信仰を守るためではなく貧困や飢餓から逃れるためにアメリカにやって来た。

　ドイツは 1871 年にドイツ帝国として統一されるまで，カトリックの領邦と宗教改革者マルティン・ルターの流れを汲むプロテスタントの領邦とが寄せ集められた状態であった。そんなドイツからの移民たちは，自分たちの領邦の宗教——主にルター派かローマ・カトリック——を携えてやって来た。

　ドイツやスカンジナビアからの移民には，ルター派の中でも「敬虔派」と呼ばれる人々が多かった。「敬虔派」とは，「アウクスブルグ信仰告白」やルターの「小教理問答」などに示されるルター派の素朴な信仰と敬虔な生活を守ろうとする人々のことである。

　彼らは出身国別に集まって中西部に移住し，そこで自分たちの言語（ドイツ語）と伝統（主にルター派）による教会を建て，小さなシノッド（『管区』と訳す）を組織した。このシノッドがパッチワーク状に中西部に広がったが，なかなか一つの教派を形成するには至らなかった。

　1820 年にはメリーランド州にルター派教会総管区（the General Synod of Lutheran Churches）が組織された。また，ドイツ人による

ルター派教会が 1847 年にミズーリ・シノッドを結成した[1]。このミズーリ・シノッドは中西部の中核都市であるミズーリ州セントルイスの近郊に本部を置き，コンコーディア神学校が建設された。

　1910 年までにルター派の人口はメソジスト派，バプテスト派に次ぐものとなった。19 世紀以前からアメリカにいたルター派の中には，アメリカの宗教に同化する者もあった。それに対して 19 世紀後半以降にアメリカにやって来たルター派の移民は，ルター派のアイデンティティを守ろうとした。こうした人々は「伝統主義者」，「告白主義者」と呼ばれる。彼らは小教区学校を設立して，ルター派の信仰と祖国の言葉の伝承に努めた。

　しかし第一次世界大戦直前からアメリカでは反ドイツ・プロパガンダが推し進められ，ドイツ移民によるルター派は敵視された。そのためルター派教会では，それまでドイツ語で行っていた礼拝を英語で行うようになった。またドイツ移民の親たちの中には，子どもを小教区学校ではなく公立学校に通わせるものも出始めた。

　こうした逆境に置かれたルター派では，小さなシノッドが集まって教派を形成するようになった。まず 1917 年にノルウェー系の 3 つのルター派が合同してノルウェー・ルター派教会（the Norwegian Lutheran Church of America）が誕生した。その翌年には中西部のドイツ系ルター派が合同してウィスコンシン合同シノッド（the Joint Synod of Wisconsin）が，またその他のドイツ系ルター派のシノッドが集まって合同ルター派教会（the United Lutheran Church in America）が形成された。続いて 1930 年にはアイオワ，オハイオ，

----

1)　正式な名称は The German Evangelical Lutheran Synod of Missouri, Ohio and Other States である。「シノッド」（synod）は管区，教区の意味がある。ミズーリ・シノッドは，結成当初からミズーリ州を越えた規範であった。

テキサスのドイツ系ルター派のシノッドが合同してアメリカン・
ルター派教会（the American Lutheran Church ［German］）が組織され
た。これ以降ルター派系各教派の中に，対話と一致を進めるための
機関や海外宣教のための協力機関が設けられるようになった。

　第二次世界大戦後もルター派内での合同に向けた対話が続いた。
1960年，ノルウェーなどスカンジナビア系のルター派が合同し，
アメリカン・ルター派教会（the American Lutheran Church）が生ま
れた。1962年にはニューヨークやフィラデルフィアのルター派教
会がアメリカ・ルター派教会（the Lutheran Church in America）を組
織した。さらに1988年にアメリカン・ルター派教会（ALC）とア
メリカ・ルター派教会（LCA），福音ルター派教会（the Association
of Evangelical Lutheran Churches）が合併し，アメリカ福音ルター派
教会（the Evangelical Lutheran Church in America，以下ELCA）が生ま
れた。この教派はアメリカ教会協議会（NCC-USA）に加盟し，「マ
イルドなリベラル」教派として白人プロテスタントの教派で3番
目の規模を誇る主流教派となった。

　これに対してルター派教会ミズーリ・シノッド（the Lutheran
Church-Missouri Synod）は伝統主義の立場を堅持し，この合併には
加わらなかった。ミズーリ・シノッドは1917年に放送を開始した
ラジオ番組「ルーテルアワー」（the Lutheran Hour）がヒットし[2]，教
勢を拡大していた。また1970年代頃まで1200近い小教区学校，
35の中等教育学校，いくつかの大学，二つの神学校を運営してい
た。

　1960年代からコンコーディア神学校の教員がリベラル化したた

----

[2]　日本でも「ルーテル・アワー」が事業形態を変えながらも放送されてい
た。

め，伝統主義——この頃はファンダメンタリストの影響も受けていた——に立つミズーリ・シノッドは神学校を非難し，学長の権限を停止しようとした。そのため多くの学生と教員が神学校から「脱出」（exile）し，セミネックス（『亡命中の神学校』という意味のSeminary in Exile を Seminex に短縮した）を形成した。このセミネックスに連なる教員や，これに同調する牧師と信徒たちは後に ELCA に合流した。他方，ミズーリ・シノッド所属の教会は全米各地に約5400 あり，信徒数は約 260 万人である。また世界中に宣教師を派遣している。現在も他の教派との交流には消極的で，ルーテル世界連盟にも加盟していない。

　アメリカ最大のルター派は，アメリカ福音ルター派教会（ELCA）である。21 世紀に入った頃の信徒数は約 500 万人であった。しかし 2009 年に同性婚を容認したことで，400 近い教会が ELCA を離脱して北米ルター派教会（the North American Lutheran Church）を結成した。そのため ELCA の信徒数は 350 万人程度にまで減少した（2017 年）。ELCA は 21 世紀に入ってモラヴィア教会（the Moravian Church in America），聖公会，長老派（PC[USA]），アメリカ改革派（RCA），合同メソジスト教会，合同キリスト教会といった幅広い教派と完全相互陪餐の協定を結び，エキュメニカル運動（キリスト教教派間の対話にする一致と協力促進運動）でも大きな役割を果たしている。

　ちなみに日本では「ルター派教会」ではなく「ルーテル教会」と呼ばれる。これは明治時代に Luther が漢字で「路帖」と書き表され，「るうてる」と読まれたからである[3]。日本のルーテル教会はア

---

3)　ルーテル学院大学ホームページ（http://www.luther.ac.jp/college/martinuther.html）参照。〔2020 年 10 月 1 日取得〕

メリカだけでなく，ノルウェーやフィンランドなどの北欧の教会にもルーツを持つ。日本福音ルーテル教会は，アメリカ福音ルター派教会が設立した教会がいくつかのルーテル教会と合同した教派である。ルーテル学院大学はもともと同派の神学校として誕生した。日本ルーテル教団は，ルター派教会ミズーリ・シノッドと強いつながりを持つ。埼玉県の浦和ルーテル学院や聖望学園はルター派教会ミズーリ・シノッドにより設立された。

ローマ・カトリック教会

　アメリカ独立時のローマ・カトリック教会は信徒数約 2 万 5 千人，独立 13 州の全人口の 1% 程度の小さな教派に過ぎなかった。その信徒の多くは，メリーランドなどに住むイギリス上流階級の出身者であった。独立前はカトリック国フランスとの戦争（フレンチ・インディアン戦争，1756-63 年）の影響で，植民地のカトリックは偏見に晒されていた。また多くの植民地は，カトリックの信徒が公職に就くことを制限した。しかし独立戦争の際にカトリックも独立派に加勢したことや，独立後のアメリカとフランスの関係が良好であったことから，カトリックに対する反感は弱まったかに見えた。

カトリック移民の増加

　カトリックの増加は 19 世紀に入ると顕著になった。原因の一つとして移民の増加が挙げられる。19 世紀の移民の 4 分の 1 はカトリックだった。カトリック教会の教勢は独立時には約 2 万 5 千人だったが，1830 年代には 30 万人に，1860 年代には 300 万人に達した。この間にカトリックはアメリカの人口の 10 分の 1 を占める

に至った。

　19世紀中頃にアイルランドからの移民が急増した。当時のアイルランドではプロテスタントが土地を所有し，カトリックの農民は高額な小作料を支払いながら石だらけの土地を耕していた。アイルランドの貧しい農民たちは自分の土地を求めてアメリカへ渡った。ほぼ無一文でアメリカにやって来た彼らの多くは，まず北部の都市や工業地帯に住み労働者となった。

　ドイツからやって来てアメリカ中西部に移り住んだ移民たちの中にはカトリック信者も多かった。またポーランド，リトアニア，ハンガリー，クロアチア，チェコスロヴァキア，イタリアからの移民の数が19世紀後半に増加した。彼らのほとんどはカトリックであった。先にアメリカにやって来ていたカトリック市民は，後からやって来た同郷の人の住居や働き口を探して奔走した。そしてカトリック教会のシスターは移民の子どもたちに英語を教え，神父は移民たちの生活相談に応じた。教会の祝祭日のお祭りは人々の結束を強めた。

ヒスパニック・カトリック

　アメリカ＝メキシコ戦争（1846-1848）の結果，アメリカはメキシコから南西部の広大な土地を手に入れた。このことも19世紀のアメリカにおけるカトリックの急成長に拍車をかけた。

　この地域ではスペインとメキシコ，先住民族の伝統が入り混じったカトリック文化が形成されていた。例えばメキシコで大切にされている「グアダルーペの聖母」（the Virgin of Guadalupe）は，この地域でも重要な存在となっている。またヨーロッパのカトリックではミサを司祭が聖堂で行うのに対して，この地域のカトリックでは司祭が行うミサはまれで，野外での祭りが盛んに催された。さらにこ

の地域では慢性的な司祭不足から自発的な信心の会が形成され，自分たちだけで洗礼や結婚式，葬儀を行うことが多かった。

　アメリカ東部のカトリックは南西部のカトリック——これをヒスパニック・カトリックと呼ぶ場合もある——に対して，それまでの信仰の伝統を廃して司教と司祭の権威のもとにある教会を設立し，ミサを中心にした信仰に入ることを求めた。また司教たちはこの地域に司祭を派遣した。しかしその後も長い間，この地域では司祭のいない状態が続き，彼らの伝統が継続された。

カトリックの急成長に伴う迫害

　移民が増え始める 1820 年代，カトリックは北部の都市で迫害に直面した。なんでも大げさに捉えるアメリカのプロテスタントたちは，アメリカがやがてカトリック国家になってしまうのではないかと危惧し，教皇を頂点とするカトリックの権威主義はアメリカの民主主義にそぐわないと主張した。聖書に権威を置くプロテスタントの目には，聖人祝祭日に町を練り歩くカトリックの人々の姿は怪しげなものに映った。また自分たちの教会にはない女子修道会に対するあらぬ誤解が生まれたりもした。

　カトリックに対する迫害は，反移民感情・移民排斥論とも言える「ネイティヴィズム」（nativism）に起因する。ネイティヴィズムとは外国人や部外者，アウトサイダーが国を脅かしているという不安に基づく反移民感情のことである。

　1834 年，ボストンにある修道院が焼き討ちにあった。また 1844 年にはカトリック信徒がフィラデルフィアで暴徒に殺害された。1855 年にもケンタッキー州ルイビルでカトリック信徒が殺害される事件が起きている。

　こうした緊張は 1848 年の過激な反カトリック秘密結社「ノウ・

ナッシング党」（Know Nothings）の結成により最高潮に達した。この結社は南北戦争の頃には衰退するが，ネイティヴィズムはその後もアメリカの文化にこびりついて残ることになる。

小教区学校

カトリックの親たちの目から見ると，公立学校はあまりにもプロテスタント色が強かった。例えば当時の公立学校で毎朝読まれた聖書はプロテスタントの「ジェームズ王の訳」（日本語では『欽定訳』，King James Version）であり，そこで教えられる道徳や歴史にカトリックに対する配慮はなかった。

そこでカトリック教会は小教区（＝教会）ごとに学校（parochial school）を設立した。しかし子どもを小教区学校に通わせるということは，小教区学校に学費を払い，同時に公立学校のための納税もするという二重の負担を強いられることを意味した。そこでカトリックの信徒たちは，小教区学校に対する州や市による助成を求めた。しかしこの要求はなかなか通らなかった。それでもカトリックの急成長とともに，小教区学校の数は増加した。

カトリック信徒たちは小教区学校とあわせて高等教育を整備することが，自分たちの文化を守ると同時に子どもたちのアメリカでの成功の助けになると考えた。そこで大学も設立された。その代表的なものが1842年にインディアナ州に設立されたノートルダム大学（the University of Notre Dame）である。

アメリカ化への動き

カトリック教会の中にはカトリックのアイデンティティを守ろうとする人々だけでなく，カトリックがもっとアメリカの文化に馴染まなければならないと考える人々もいた。前者は保守派と呼ばれ，

後者は「アメリカニスト」と呼ばれた。アメリカニストたちは自由・自律・政教分離といったアメリカ的な政治理念を尊重した。そして彼らは神学的にはリベラル，社会的には進歩主義を標榜した。またアメリカのカトリックでは，19 世紀以前から各個教会が信徒理事（lay trustees）によって自立運営されるなど，プロテスタントの影響を受けている面もあった。

　アメリカニストは信徒の間だけでなく，聖職者の中にもいた。聖パウロ宣教修道会を設立したアイザック・ヘッカー（Isaac Hecker, 1819-1888）やボルティモアの大司教・枢機卿であるジェームズ・ギボンズ（James Cardinal Gibbons, 1834-1921）は，アメリカニストの代表的人物であった。

　保守派の人々はカトリックが大切にしてきたことをアメリカニストが傷つけていると考えた。1890 年代，教皇レオ 13 世は回勅の中でカトリック内部の急進的な動きに警戒感を示した。1899 年にはレオ 13 世がギボンズに，アメリカニストを批判する内容の書簡を送った。これによりアメリカのカトリックは保守化していった。とは言うものの，アメリカ的な思想や生活様式がアメリカのカトリック信徒に浸透していったことは否定できない。

正教会

　正教会──オーソドックス教会と呼ぶこともある──とは，11 世紀に西のローマ・カトリック教会と分裂した地中海東側の教会の総称である。正教会は東ヨーロッパで，国家・民族ごとにギリシア正教会，ルーマニア正教会，ロシア正教会などに分かれる。

　北アメリカにおけるロシア正教会の歴史はかなり古い。ロシア正教会はベーリング海峡を越えて，アラスカで先住民伝道を開始して

1857年12月に建てられたサンフランシスコ最初の正教会に由来するサンフランシスコ聖三一大聖堂（Holy Trinity Cathedral）（著者撮影）

いた。1790年代には正教会の修道士たちが，コディアック島やアリューシャン列島，アラスカ内陸部で活発に活動し，次々と教会を建設した。さらに19世紀初めにはカリフォルニアにも進出し，サンフランシスコ湾の北部に貿易拠点を築くと同時に正教会の礼拝堂も建設している。

1867年，ロシアはアメリカにアラスカを売却した。その時点でアラスカの先住民の間に1万人近い正教会の信徒がいたと考えられる。

1880年代中頃からロシアやウクライナからの移民が増え，19世紀に入るとギリシアからの移民も増加した。そこでロシア正教会は管区本部を1872年にはアラスカのシトカからサンフランシスコへ，さらに1905年にはニューヨークへと移した。1917年にロシア革命が起きると，アメリカのロシア正教会はアメリカ正教会（the Orthodox Church in America）として独自の道を歩み始めた。その後，アメリカでの伝道により東欧系以外の人々にも広がり，礼拝も英語で行われるようになった。

正教会はアメリカにおいても出身国ごとに教会を組織する傾向があった。20世紀の間，正教会間で合同に向けた対話が試みられ

てきた。この対話は 21 世紀に入るとさらに進み，アメリカ合衆国
カノン的正教会主教会議（the Assembly of Canonical Orthodox Bishops
of the United States of America）において民族ごとに分かれた正教会
管区が合同を目指した対話を進めている。

ユダヤ教

　第 1 章で述べたようにユダヤ人の移民は植民地時代から始まっ
ていたが，それはごく少数で，急増するのは 19 世紀後半である。
1840-80 年にドイツからの移民が増えると，その中にユダヤ人も多
く含まれていた。ユダヤ人の人口は 1840 年代に 5 万人，1880 年
代には 28 万人にまで増加した。ドイツからのプロテスタントやカ
トリックの移民の多くはもともと小作農であったのに対して，ドイ
ツからやって来たユダヤ人には商人や行商人が多かった。彼らはア
メリカ社会に同化し，ビジネス界で成功する者も少なくなかった。
　ロシアで 1880 年代にポグロムや反ユダヤ人政策が始まると，よ
り多くのユダヤ人がロシアやポーランドからアメリカに逃れて来
た。その数は 1920 年の移民法により移民の数が制限されるまでに
200 万人を超えた。ロシアやポーランドなど，東欧出身のユダヤ人
はアメリカ社会に同化するのに時間がかかった。
　1920 年までにアメリカのユダヤ人人口は 300 万人に達した。ニ
ューヨーク市は世界で最も多くのユダヤ人が暮らす都市となり，ユ
ダヤ人が市の人口の約 4 分の 1 を占めていると言われた時期もあ
った。
　アメリカのユダヤ教は主に正統派，保守派，改革派に分類され
る。最も積極的にアメリカの近代化に順応したのは改革派である。
改革派は近代主義を積極的に受け入れ，ユダヤ教の実践の中心は内

面的信仰にあると考えるようになった。彼らはシナゴーグ（会堂）での礼拝を英語で短く行うようにし，礼拝での男女同席を認めた。オルガンや聖歌隊といったプロテスタント・キリスト教の要素を礼拝に取り入れているところもある。また食物規定などの守るべき戒律を減らしたり，安息日の礼拝を土曜日から日曜日に変えようとしたりしたこともあった。1875年にラビ（ユダヤ教の聖職者）の養成のため，オハイオ州シンシナティにヘブライ・ユニオン・カレッジ（Hebrew Union College）が建設された。

このような改革派——主にドイツからのユダヤ人——の動きについて行けなかった東欧からのユダヤ人は，伝統的に守って来た戒律を遵守する正統派を形成した。現在の正統派は，以前よりは現代社会との調和を意識している。

保守派は改革派と正統派の中間の立場を取る。例えばシナゴーグでの礼拝はヘブライ語で時間をかけて行うが，礼拝での男女同席は認める。ユダヤ教神学校（Jewish Theological Seminary）が保守派のラビ養成校として，1897年にニューヨークに創立された。この神学校はユニオン神学校とともに，コロンビア大学の提携校である。

21世紀に入るとキリスト教の場合と同様に，ユダヤ人にも非宗教化の波が押し寄せている。現在半数近くのユダヤ人は，ほとんどシナゴーグに行っていないという。食物規定を守っているのは6分の1程度といったところらしい。

アジア系移民と宗教

19世紀中頃から，アジアから多くの移民が太平洋を越えてアメリカ西海岸にやって来た。最初の中国人がアメリカにやって来たのは，カリフォルニアがアメリカの領土になる前年の1847年であ

る。当初，アメリカに渡った中国人のほとんどは留学生であった。その後ゴールドラッシュが始まると，留学生に代わって「アメリカで一儲けしてやろう」と考えた労働者たちがアメリカにやって来た。

　南北戦争後，急成長する西部の経済は安価な労働力を必要としていた。その必要を中国人労働者が満たした。特に 1869 年に開通した大陸横断鉄道は，彼らの労働力なしには完成しなかっただろう。しかし 1882 年になると，「中国人労働者移民排斥法」によって中国人労働者の入国は禁止された。

　その中国人に代わってアメリカに入って来たのが日本人である。日本人も当初は留学生としてやって来る場合が多かった。しかし，すぐに農園などで働く労働者が増えた。当初の日本人移民の多くはアメリカに永住するつもりはなく，ある程度稼いだら帰国しようと考えていた。しかしアメリカで彼らを待っていたのは低賃金労働であり，「故郷に錦を飾る」ほどの成果を得られる者は少なかった。とは言え日本に戻っても彼らに働き口はなかった。そのため多くの者はそのままアメリカに住み続けることになったのである。

　日本人移民も 1908 年の「紳士協定」，1924 年の「移民割当法」あるいは「排日移民法」によって実質的に入国を禁止されるようになった。こうして中国人や日本人の移民が禁止された後に増加するのが朝鮮，フィリピン，ベトナムからの移民であるが，これは第二次世界大戦以降の話となる。

移民とともにアメリカに渡ったアジアの宗教

　中国人や日本人は，当時のアメリカ人が知らなかった仏教などのアジアの宗教をアメリカに持ち込んだ。これによりアメリカの宗教は多元化への大きな一歩を踏み出したのである。

1853 年, 中国から来た人々はサンフランシスコに最初の寺院を建設した。また 19 世紀末から 20 世紀初頭までに浄土真宗本願寺派, 浄土真宗大谷派, 浄土宗, 真言宗, 日蓮宗, 曹洞宗などが, 日本人移民の多いハワイやカリフォルニアに開教使を派遣した。これは日本人移民が仲間たちの葬儀や供養のために, 自分たちの宗派に僧侶の派遣を求めたことによる。しかし開教使の働きは葬儀や法要のみにとどまらず, 差別や貧困にあえぐ日本人移民に教えを説き, コミュニティ作りを行った。

日本の仏教諸宗派の中で最初にアメリカに開教使を派遣したのは, 浄土真宗本願寺派であろう。浄土真宗本願寺派は 1889 年にハワイ, 1899 年にはカリフォルニアで日本人移民のための活動を開始した。同派は独自の発展を遂げた。彼らが設立した寺の組織は, キリスト教の教会を意識したものとなっている。また彼らは法要の際に, 真宗の教えを簡潔にまとめた「ゴールデン・チェイン」を唱える。これもキリスト教の教会が礼拝で信条を唱えるのに似ている。

仏教の他にも, 同時期に天理教や金光教などもアメリカで日系人を対象とした布教を始めた。当初は個人レベルでの布教であったが, 天理教は 1920 年代に入ると西海岸やハワイで本格的な布教活動を展開した。

仏教とりわけ禅は, 19 世紀末から 20 世紀にかけてアメリカ人のインテリ層に広まった。1844 年にはエリザベス・ピーボディが『法華経』の一章をフランス語から英語に翻訳した。また鈴木大拙は 1897 年から 1909 年まで, アメリカで禅に関する著作を英語で出版した。彼は 1949 年に再び渡米し, コロンビア大学などの大学で 10 年近く禅仏教を講じた。鈴木のものをはじめとする多くの禅に関する著作がアメリカの若者文化と結びついて,「禅ブーム」が

巻き起こった。

中国人・日本人移民に対するキリスト教伝道

　中国や日本からやって来た移民に対して，キリスト教会はどのように伝道を展開したのだろうか。アジアからの留学生や移民がハワイや西海岸にやって来た時期は，アメリカの教会で海外伝道の気運が高まった時期でもあった。当初アジア人移民に対する伝道は地元の教会や内国伝道局ではなく，各教派の海外伝道を担当する部局が受け持った。なぜならアメリカの教会はアジア人移民がアメリカに永住せず母国に帰り，そこでキリスト教伝道を後押ししてくれることを期待していたからである。またアジアの宗教や文化がキリスト教的なアメリカの文化とあまりに違うため，地元教会には彼らにアプローチするノウハウがなかったという事情もあった。

　1852 年には長老派海外宣教部が中国人伝道を開始した。彼らは中国人に英語，地理，算数などを教える学校を始めた。メソジスト派も同様の学校を太平洋側の都市に設立した。多くの中国人がこうした学校で学んだが，1910 年までにキリスト者となった中国人移民は約6500 人（中国人移民の約 2%）とわずかであった。それでもここから中国人移民独自のキリス

現在のサンフランシスコのチャイナタウン中華基督教長老会。1853 年に設立された北米最初のアジア系教会である。（著者撮影）

ト者同盟が結成された。この団体は中国人移民の互助団体として，宿泊所やレクリエーション施設を運営するなどかなり多角的な活動を行った。教派に属する中国人教会とは別に，こうした中国人独自の自主団体が中国系アメリカ人のキリスト教を豊かなものにしたのである。

1860年代後半には長老派や組合派の教会で日本人のための聖書研究会が組織され，知的好奇心旺盛な日本人留学生が集まってきた。日本人に対する伝道は，メソジスト派や組合派の教会に所属する日本人が1877年に「福音会」（the Gospel Society）をサンフランシスコに設立したことで本格的に始まった。この集まりは毎週土曜日に聖書研究会を開き，英語やアメリカ文化を教えるクラスを提供するものであった。他にも仕事の斡旋などの互助活動や，日本人の交流の場にもなっていたようである。

1880年代になると日系教会の形成が盛んになった。例えば1885年にはサンフランシスコ第一日本人長老教会が，1892年にサンフランシスコのパイン街にメソジスト派の日本人教会が，さらに1903年には組合派の日本人キリスト教組合会が誕生した。サンフランシスコだけでなく，カリフォルニアのあちこちに日系教会が生まれた。そして1893年，メソジスト教会カリフォルニア教区に日系教会だけの連会（caucus）が組織された。

しかし1880年代の終わり頃になると，排斥のターゲットが徐々に中国人から日本人に移って行った。日系教会は他の在米日系団体と協力し合いながら，同胞たちの権利を守ろうとした。特に移民二世たちにとって教会は日本の言葉や遊び，風習などを子どもたちに伝える場所であり，また「日系二世」としてのアイデンティティを形成する場でもあった。1905年には教派を超えた日本人キリスト者の団体である在米日本人基督教徒同盟が誕生し，1910年には北

カリフォルニアの日系キリスト者の集まりである加州基督教徒同盟
会が形成された。

シカゴ万国宗教会議

　1893 年，コロンブスのアメリカ到着 400 年を記念してシカゴ
で開催されたコロンビア万国博覧会に付随して万国宗教会議（the
World's Parliament of Religions）が開催された。アメリカのキリスト
教プロテスタント界は，この会議の開催によって近代科学により傷
つけられたキリスト教の威信を取り戻そうとしていた。また，キリ
スト教が他のどの宗教よりも真理を明らかにするものであることを
世界に示そうという傲慢さも見え隠れしていた。
　そうしたキリスト教陣営の野心を感じながらも，ヒンドゥー教，
仏教，ユダヤ教，イスラーム教といった宗教の代表者約 200 人が
集まり，5 千 7 百人もの聴衆を前に 18 日間代わる代わる演説を行
った。日本からも神道や仏教諸宗派が代表者を送った。例えば臨済
宗円覚寺管長の釈宗演が講演をし，それを鈴木貞太郎（= 鈴木大拙）
が通訳した。
　アメリカ人はそれまでイスラーム教やアジアの諸宗教について，
キリスト教の宣教師を介した偏った知識しか持っていなかった。し
かしこの会議に出席したアメリカ人は，これらの宗教の教えに直接
触れることになった。いずれの代表者の演説も雄弁で，それぞれの
宗教の魅力を伝えるものであった。例えばあるアメリカ人の聴衆
は，スリランカの仏教者ダルマパーラの演説に感動して仏教徒にな
った。またアメリカの知識人がアジアの諸宗教に関心を持つきっか
けにもなった。この会議は，今で言うところの諸宗教間対話の始ま
りとなった。

第二次世界大戦下の日系人の強制収容

　第二次世界大戦下の 1942 年，約 11 万人の日本人が砂漠や荒地に建てられた 10 か所の収容キャンプに強制的に収容された。二世の多くはアメリカの市民権を持っていたにもかかわらず，このような仕打ちを受けた。

　仏教は日本生まれの一世の間でもアメリカ生まれでアメリカの市民権を持つ二世の間でもマジョリティ（約 6 割）であった。FBI は日米開戦前から仏教の開教使を親日的であると疑い，彼らを特に監視していた。そのため日系人の強制収容が始まると，仏教や神道の指導者の中には収容どころか逮捕される者もいた。キャンプ内でも仏教の集会を開くことは難しかった。それでも憲法が謳う信仰の自由がキャンプ内でも認められると，仏教徒も集会所を設けて集まることができるようになった。彼らは自分たちの集会を，キリスト教のそれと似せるようにした。例えば集会は英語で行われ，キリスト

H.T.Morikawa, *Footprints:One Man's Pilgrimage,a Biogrophy of Jitsuo Morikawa*(Berkly:jennings Addociation,1990),70.
収容キャンプで開催された聖書講習会。日本人キリスト者はこの収容を伝道の好機と捉えた。

教のように讃美歌を歌った。

　浄土真宗本願寺派は 1944 年 7 月，ユタ州トパーズのキャンプで開かれた会議で教団名を「アメリカ仏教会」(the Buddhist Churches of America) に変更した。また教団の第一言語を日本語から英語に変更した。さらに教会の運営主体を僧侶から在家信徒に移した。このようにして彼らは，自分たちの仏教がアメリカの宗教であることを前面に押し出したのである。

　キャンプに収容された日系人のうち 2 割程度がプロテスタントであった。各収容所ではキリスト者が教派を超えて協力し，礼拝や集会が守られた。また子ども向けの聖書学校が運営された。バプテスト派の牧師である森川実雄 (Jitsuo Morikawa, 1912-87) は収容所内でキリスト教の指導者的役割を果たした。彼は戦後も日系教会を牽引しただけでなく，エキュメニカル運動にも貢献している。

【課題】
• 19 世紀の移民たちは自分たちの宗教や言語，文化をどのように次世代に伝承しようとしたのだろうか。またアメリカ生まれの移民二世，三世は，自分たちのルーツとなる文化とアメリカ文化の折り合いをどのようにつけたのだろうか。調べてみよう。
•第二次世界大戦下での日系人の強制収容キャンプにおいて宗教が果たした役割について調べてみよう。

【より深く学ぶために】
ロナルド・タカキ著，富田虎男訳『多文化社会アメリカの歴史　　──別の鏡に映して』明石書店，1995 年。
ロナルド・タカキ著，阿部紀子・石松久幸訳『もう一つのアメリカ　　ン・ドリーム──アジア系アメリカ人の挑戦』岩波書店，

1996 年。

ヴィクター・N・オカダ著，今泉信宏訳『勝利は武器によるものでなく——日系アメリカ人キリスト者戦時下強制収容の証言』新教出版社，2002 年。

甲賀純男著『日系同胞 10 年の旅路』キリスト新聞社，2001 年。

ケネス・タナカ著『アメリカ仏教　仏教も変わる，アメリカも変わる』武蔵野大学出版会，2010 年。

同志社大学人文科学研究所編『北米日本人キリスト教運動史』PMC 出版，1991 年。

第**6**章
世界に広がるアメリカのキリスト教

アメリカの世界宣教の根底にあるもの

　アメリカのキリスト教はなぜ宣教に熱心なのだろうか。この問いにはジョサイア・ストロング（Josiah Strong, 1847-1916）の思想と「前千年王国説」が答えてくれる。ストロングの思想は一言で言うと，「マニフェスト・デスティニー」（Manifest Destiny）というテーゼをキリスト教的に展開したものである。

マニフェスト・デスティニー
　「明白なる天命」と訳される「マニフェスト・デスティニー」という言葉が初めて使用されたのは，『デモクラティック・レビュー』の 1845 年 7・8 月号に掲載されたジョン・L・オサリヴァンの論文「テキサス併合論」においてである。この論文の中で彼は，テキサスの併合を正当化するために「年々増加する何百万ものわが国民の自由な発展のために，神が割り当て給うたこの大陸を覆って拡大していく」ことがアメリカの「明白なる天命」であると主張した。同年 12 月，ニューヨークの新聞『モーニング・ニューズ』の社説が，オレゴンの単独領有の正当性を主張するためにこの「マニフェスト・デスティニー」という表現を用いた。これによりこの言葉はアメリカで広く知られるようになったのである。そして 1845 年,

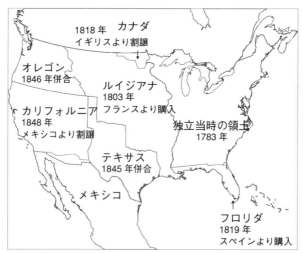

アメリカの領土拡大の過程。これに加えて，1867年にアラスカ購入，1898年にハワイ併合。

テキサスは奴隷州の一つとしてアメリカに併合された。

「マニフェスト・デスティニー」とは，アメリカがその文明や民主主義をアメリカ大陸の未開の地域に広めるためにその地を併合することは，神によって与えられた使命であるという考え方である。この使命を「神に与えられた」とする点は，ピューリタンにも見られた選民思想に通じるものがある。

この考え方は，アメリカの大陸内での領土拡大を正当化しただけではない。19世紀末になると，ハワイ併合やフィリピン領有を正当化するためにも用いられ，さらにはアメリカの帝国主義化の原理にまで拡大解釈されたのである。

ジョサイア・ストロングの思想

この「マニフェスト・デスティニー」をキリスト教的な文脈の中で展開したのが，組合派牧師のジョサイア・ストロングである。彼は1885年に『われらの国』（*Our Country*）を，1900年には『膨張』

（*Expansion*）をそれぞれ出版した。これらの本はいずれもベストセラーになった。どちらの本もアメリカは「約束の地」であり、そこに暮らすアングロ・サクソンのアメリカ人は「選ばれた民」であると謳い、その「選ばれた民」の国アメリカが世界に覇権を拡大していくことは「神の摂理」であるという彼の持論が展開されている。

　この思想を支えたのが、当時アメリカで流行していた社会進化論である。社会進化論については第7章で改めて説明するが、ダーウィンの進化論の要となる「自然淘汰」を「適者生存」と読み替えて、この「適者生存」を社会進化の原則と捉える。そして世界的に最も優れた民族が、人類最高の文明によって世界を支配すべきであると考える。ストロングは各時代において優れた文明が存在しており、現代においてはアングロ・サクソンのプロテスタントの文明こそが最も優れていると考えていた。彼は『われらの国』でこう述べている[1]。「ギリシア人は美を、ローマ人は法を、エジプト人は『生命についての根源的観念』を、ヘブライ人は純潔を世界にもたらした」。そしてアングロ・サクソンは、「自由を敬愛すること」と「純粋に霊的なキリスト教」という二つのものを世界にもたらす、と。

　彼によれば、アメリカの膨張——覇権の拡大——は、キリスト教の福音と進歩した文明を世界にもたらすことになる。したがってアメリカの膨張は神の摂理であり、神から与えられた使命である。

　『われらの国』はアメリカ国内伝道協会（American Home Missionary Society）が発行しており、国内伝道の基調とも言えるものであった。また『膨張』は1898年の米西戦争を正当化するためのもので、ここで彼はフィリピンをキリスト教化、文明化することがアメ

　1）　「われらの国」の一部は、佐々木隆・大井浩二編『史料で読むアメリカ文化史　第三巻』東京大学出版会、2006年、79-90頁に所収。

リカの使命であると述べている。

千年王国説

　ストロングのような思想に加えて，千年王国説も当時のアメリカ人キリスト者を世界伝道に駆り立てた。千年王国説については第8章で詳しく説明するが，これは後千年王国説と前千年王国説とに分類される。後千年王国説派のキリスト者は，伝道者が世界の隅々にまで到達し，すべての人がキリスト教を受け入れることによって黄金期（千年王国）が到来すると考えた。

　また前千年王国説派のキリスト者も，キリストの来臨前に福音が世界の隅々にまで行き渡っていなければならないと考えていた。「後」であれ「前」であれ，千年王国説は福音を世界中に広める動機をキリスト者に与えたのである。

先住民伝道

　ストロングの言うように，キリスト教を知らない人々にこれを伝えることがアメリカの膨張の目的であるならば，白人キリスト者たちが先住民への伝道を自分たちの義務であると感じたのは当然のことである。

　1803年のルイジアナ購入により，アメリカの領土が西へ二倍に拡大した時——これは同時に，そこに暮らす先住民たちの苦難の歴史の始まりでもあった——，白人の開拓民と先住民伝道を志す多くの伝道者がミシシッピ川を渡って行った。19世紀前半はリバイバルの時代でもあり，伝道者は馬に，馬車に，あるいはできたばかりの鉄道に乗って，西へ西へと向かった。

各教派の西部伝道への取り組み

19 世紀には東部のほとんどの教派が西部伝道のための部署を作り，先住民伝道に取り組み始めた。聖公会はかなり早い時期からインディアン福音伝道協会（the Society for propagating the Gospel among the Indians and Others）を組織して，ニューイングランドでの先住民伝道を行った。この協会は 19 世紀には西部でも活躍している。

また 1810 年には，アンドーヴァー神学校の卒業生と組合派の牧師によって設立されたアメリカ海外宣教委員会（the American Board of Commissioners for Foreign Missions）――日本では「アメリカンボード」と呼ばれる――が，海外だけでなくチェロキー族などの先住民への伝道も開始した。これに加えて 1826 年にはアメリカ国内伝道協会（American Home Missionary Society）が設立され，積極的に伝道者を西部に派遣した。

バプテスト派ではかなり前から各個教会が協力して伝道師を西部に派遣していたが，1832 年にその協力関係を発展させてアメリカン・バプテスト国内伝道協会（American Baptist Home Mission Society）を組織した。結局この協会は奴隷所有者を伝道師として派遣できるか否かをめぐって分裂したが，その後もバプテスト派は北部も南部も，熱心に伝道者を西部に送り続けた。

メソジスト派も，アメリカがロッキー山脈以西を領有する前の 1830 年代にジェイソン・リー（Jason Lee, 1803-45）をオレゴン――当時のオレゴンは現在のアイダホ州，ワシントン州，カナダの一部も含む地域――に派遣するなど，西部での先住民伝道を試みていた。南北戦争の終結を翌年に控えた 1864 年には，北部のメソジスト監督教会によって教会拡大協会（Church Extension Society）が組織され，先住民伝道が本格的に推進された。

長老派も 1870 年には国内伝道局（Board of Home Mission）を設置し，伝道者を各地に派遣している。

シェルドン・ジャクソンのアラスカ伝道

先住民伝道で有名な 2 人の伝道者を挙げておこう。1 人目のシェルドン・ジャクソン（Sheldon Jackson, 1834-1909）は 1858 年にプリンストン神学校を卒業後，現在のオクラホマ州，ミネソタ州，ワイオミング州といった地域で先住民への伝道を行っていた。

1877 年になるとアラスカに移り，そこで先住民に対する伝道を開始した。アラスカは 1865 年にロシアから購入されたばかりで，まだロシア正教会の影響が残っていた。彼はアラスカの先住民たちに対して，英語を話すプロテスタントの文化に同化させるための教育をアメリカ政府の協力のもとに行った。同時に彼は，先住民文化の保存にも貢献している。また先住民たちの食糧事情に応えるために，シベリアに出かけて行きトナカイを連れて来たのは有名な話である。時には先住民とアメリカ人の間に立って，誤解や対立の仲裁をすることもあったようだ。

ホイットマンの悲劇

次に紹介するマーカス・ホイットマン（Marcus Whitman, 1802-47）とその妻ナルシッサ（Narcissa Whitman, 1808-47）のケースは悲劇である。マーカスは医科大学を卒業後，後述するアメリカンボードに派遣され，現在のアイダホやモンタナの先住民の間で医療伝道師として働いた。その 2 年後に教師であったナルシッサと結婚した。ナルシッサも先住民伝道を志し，アメリカンボードに応募していた。しかし当時のアメリカンボードは独身女性を伝道者として派遣していなかったため，彼女はマーカスと結婚することで志を実現

したのである。

　結婚後，2人はすぐに他の伝道者たちと共に西部に向けて旅立った。そして1836年に現在のワシントン州ワラワラに宣教拠点を築き，コロンビア川に沿って先住民伝道を進めて行った。彼らは先住民と良好な関係を結んだ。特にナルシッサは歌が上手で，先住民の間で人気があった。

　ところが1840年代に白人がこの地に入植し始めると，その数が増えるごとに先住民との関係にひびが入っていった。さらに白人の移民が東部から持ち込んだ新しい伝染病により多くの先住民が亡くなった。先住民の白人に対する怒りの矛先は伝道者たちに向けられた。とりわけ医師であったマーカスにはあらぬ疑いがかけられたようである。1847年7月，カユーズ族はワラワラの伝道拠点を襲撃し，マーカスとナルシッサをはじめ12人の白人を殺害した。

　この事件が起きた地は現在，歴史国定公園として保存されている。後にワラワラに設立されたホイットマン大学（Whitman College）が2人の名を今に残している。

カトリックの先住民伝道

　先住民伝道については，プロテスタントよりもカトリックのほうが成功を収めた。アメリカの領土となる前から，ルイジアナにはフランスのカトリックの教会と伝道拠点が存在していた。17世紀には主にイエズス会によって先住民伝道が始められていた。

　ピエール・ジャン・ド・スメ（Pierre Jean De Smet, S.J., 1801-73）はイエズス会の代表的な伝道師である。彼はベルギーからアメリカにやって来て，1840年にセントルイスから西部に旅立っている。彼は先住民たちの文化や価値観を尊重し，彼らの信頼を得た。また1868年には白人との戦争を回避するための交渉人の役目も果たし

ている。イエズス会は 1880 年代になると，アラスカにも修道士を
派遣した。

　先住民伝道を行ったのはイエズス会だけではない。フランシスコ
会はアリゾナやニューメキシコの居留地（reservation）に伝道師を
派遣しており，他にもいくつもの修道会が先住民の中に飛び込んで
いる。現在,先住民の約 20% はカトリックであると言われている。

先住民寄宿学校

　ところで 2021 年，カナダで先住民の同化政策として運営された
寄宿学校の跡から大量の子どもの遺骨や墓が見つかったことがきっ
かけに，アメリカでも政府による同様の寄宿学校についての調査が
進んでいる。アメリカでも 1870 年頃から 1960 年代にかけて，少
なくとも 367 の先住民寄宿学校が存在した。その半数はカトリッ
クやプロテスタントの諸教派（例えば長老派，クェーカー，メソジス
ト）が政府から資金援助を受けて運営していた。

　これらの学校には先住民の子どもたちが，部族や家族から引き離
され，「同化」（『文明化』と呼ばれた）とキリスト教化のために連れ
てこられた。子どもたちは学校に連れてこられると無理やり髪を切
られ，白人と同じ様な服を着せられ，部族の言葉を話すことは禁止
された。これらの学校では，教師や聖職者による身体的・性的虐待
が起きていた。アメリカでは数十万人（正確な数は不明）がこの学
校で学んだが，彼らの負ったトラウマは大きい。さらに深刻なこと
は，虐待や感染症で多数の命が失われたことである。

アメリカンボードの海外伝道

アメリカンボードの誕生

　アメリカの世界伝道に話題を移していくにあたって，アメリカンボードについて言及しておかなければならない。アメリカンボード成立の経緯は今では逸話となっている。1806 年 8 月のある日，マサチューセッツ州にあるウィリアムズ大学の学生数名が野外での祈りの集いを持っていた。すると突然雷が鳴り，雨が降り出したので，彼らは積まれた干し草の山のもとで雨宿りをした。その時，その中の一人サミュエル・J・ミルズ（Samuel J. Mills, Jr., 1783-1818）がインドへの伝道の志を打ち明け，その場にいた全員が彼に協力することに同意したのである。

　ミルズは大学卒業後にアンドーヴァー神学校に入学し，そこで世界伝道を志す同志をさらに集めた。彼らは 1810 年の会衆派のマサチューセッツ教区総会で世界伝道に乗り出す決意を述べ，総会は海外伝道のための委員会を組織することを決議した。こうして結成されたのが，「アメリカンボード」と呼ばれるアメリカ海外宣教委員会（the American Board of Commissioners for Foreign Missions，略称 ABCFM）である。アメリカンボードは後に長老派やオランダ改革派からの協力も得られるようになり，リバイバルの追い風を受けて大規模な組織となった。

　アメリカンボードは 1812 年に最初の 5 人の宣教師をインドに派遣した。ところがそのうち 2 人がインドへの船旅中にバプテスト派になってしまい，アメリカンボードを離脱した。そのうちの一人であるアドニラム・ジャドソン（Adoniram Judson, 1788-1850）は，ビルマ（1989 年に当時の軍事政権がそれまでの『ビルマ』という呼び方を『ミャンマー』に変更した）で単独の宣教師として働いた。その

後この地で 40 年近く宣教に従事し，彼の活躍に関する本は南北戦争前のアメリカでベストセラーとなった。もう一人のルーサー・ライス（Luther Rice, 1783-1836）はバプテスト派の協力を得るためにアメリカに帰国した。バプテスト派は彼の要請を受けて海外伝道に乗り出している。

アメリカンボードの創設者とも言えるミルズ自身は健康上の理由から海外に出向くことはなかったが，1812 年から 2 年間西部伝道に赴いている。

1820 年代になると，アメリカンボードはハワイや西部の先住民への伝道活動を開始した。そこで宣教師たちはキリスト教の福音を伝えるだけでなく，ハワイ人や先住民のアングロ・サクソン文明——この中には彼らの労働や性に関する道徳観も含まれる——への同化の推進も行っている。そして 1830 年代には中国での伝道にも着手した。彼らはこの他にもアジア・太平洋地域，アフリカ，中東への伝道も行っている。

アメリカンボードの日本伝道

アメリカンボードは日本のキリスト教の歴史においても重要な役割を果たしている。例えば 1837 年に日本人漂流者を送り返そうと日本にやって来て砲撃されたモリソン号には，アメリカンボードの宣教師が乗船していた。3 人の日本人漂流者は聖書の日本語訳に携わっている。この事件は三浦綾子の小説『海嶺』の題材となった。

アメリカンボードは 1869 年に神戸での伝道を開始している。また同志社の創立者である新島襄は，このアメリカンボードの準宣教師として 1874 年に日本に帰国した。その後アメリカンボードは 1961 年に合同キリスト教会世界伝道局に統合された。

アメリカンボードに続いて設立された各教派の海外伝道機関

　各教派もリバイバルの熱気の中で海外伝道に乗り出した。バプテスト派についてはすでに述べたが，長老派は 1837 年にアメリカンボードとは別に独自の海外伝道局（the Board of Foreign Missions）を組織している。ルター派教会も 1850 年代に伝道協会を組織した。メソジスト派が海外伝道に着手するのは 1830 年代に入ってからである。

海外伝道の特徴

　アメリカのプロテスタントの海外伝道が急成長したのは，南北戦争後から第一次世界大戦までの時代である。南北戦争前は，アメリカが派遣していた宣教師の数はイギリスの半分にも満たなかった。しかし 1910 年代には，アメリカがイギリスをはるかに上回ったのである。そしてアメリカにおける海外伝道の急成長を支えたのは，実は女性と学生であった。

女性の活躍

　アメリカが海外伝道に乗り出した 19 世紀前半，海外伝道を志した女性たちは，男性宣教師と結婚しその志を果たした。彼女たちは現地でクリスチャン・ホームの手本を示し，男性宣教師にはなかなか難しい女性への伝道を試みた。そういう意味で海外伝道に従事する者のほぼ半分は女性だったと言える[2]。

　19 世紀中頃までは，アメリカンボードや各教派の海外伝道局が

---

　2)　この点は小檜山ルイ『アメリカ婦人宣教師——来日の背景とその影響』東京大学出版会，2006 年，19 頁。

独身女性を宣教師として派遣するのを渋っていた。しかし海外の伝
道地から，現地の女性に直接伝道するには女性宣教師のほうが良い
という声がアメリカの伝道団体や教会に寄せられるようになった。
また先に述べたナルシッサ・ホイットマンのように伝道に情熱をた
ぎらせる女性たちも，自分たちを海外に派遣するよう求めた。

　南北戦争が勃発した1861年，いくつかの教派の女性たちが独
身女性宣教師を海外に派遣するために米国婦人一致外国伝道協会
（Woman's Union Missionary Society of America for Heathen Lands）を設
立した。この協会は中国，インド，日本といったアジアの国々に宣
教師を派遣した。こうした国々で女性宣教師は，貧困や差別にあえ
ぐ女性や子どものための「ミッション・ホーム」や学校，病院を建
てた。日本では現在の横浜共立学園の前身となる亜米利加婦人教授
所を設立している。

　19世紀後半，この婦人一致外国伝道協会をきっかけに，各教派
に女性伝道局が設立された。これらの団体は独身女性宣教師派遣の
ための献金を集め，希望者を募り，計画的に海外に派遣した。

　19世紀末になるとこのような女性伝道局があわせて1200人以
上の女性宣教師——教師や社会事業者，医師など——を世界中に派
遣していたのである。19世紀後半，独身の女性宣教師と，男性宣
教師と結婚した女性を合わせると，海外伝道者の6割が女性であ
った。

海外伝道の力となった学生

　南北戦争後の時代に海外伝道を推進したもう一つの力が学生たち
であった。次章で取り上げる大衆伝道家ドワイト・L・ムーディは
各大学を巡回して集会を開き，自ら設立したマウント・ハーモン・
スクールに海外伝道に関心を持つ学生を集め，1886年の夏に集会

を開いた。ここで約 250 人の参加者のうち，100 人もの学生が海
外宣教師になる決意を表明した。この 100 名は「マウント・ハー
モンの 100 人」（the "Mount Hermon Hundred"）と呼ばれるが，この
中にはエキュメニカル運動や平和運動での功績を称えられてノーベ
ル平和賞を受賞するジョン・R・モット（John R. Mott, 1865-1955）
も含まれている。

　このマウント・ハーモンでの成功は，海外伝道学生ボランティア
運動（the Student Volunteer Movement for Foreign Mission）の形成に
つながっていく。この運動はモットを会長として，「この時代の世
界の福音化」をスローガンに，大学キャンパスでの宣教師志願者の
募集と，伝道地への派遣などの活動を開始した。この運動により
1940 年までに 2 万人もの若者が宣教師として海外に派遣された。

E・スタンレー・ジョーンズ

　20 世紀初めの代表的な海外宣教師を一人挙げるとしたら，や
はりメソジスト監督教会の牧師 E・スタンレー・ジョーンズ（E.
Stanley Jones, 1884-1973）であろう。ジョーンズは 1907 年に宣教師
としてインドに渡った。彼はキリスト教を単なる西洋からの輸入品
とせず，インド文化に根ざしたキリスト教を模索した。その一つの
試みが「アシュラム」である。アシュラムとは「日常から退いて修
める」という意味である。インドではこのアシュラムという言葉が
よく聞かれるが，宗教的な集まりのみを指すのではなく，政治や文
学のための集まりもアシュラムと呼ぶ。ジョーンズはこのアシュラ
ムという集まりをキリスト教の修養会に採り入れたのである。

　またジョーンズはマハトマ・ガンジーとも親交を重ねインド独
立運動を支持し，1940 年にはインドから追放された。そして 1946
年に再びインドに戻り，この地で亡くなっている。

彼は世界各地を回って伝道集会を開き，日本にも 49 年以降数
回訪れている。また，複数の著作が日本語に訳されている。例え
ば『印度途上の基督』(*The Christ of the Indian Road*) や『日々の勝利』
(*The Art of Mastering Life*) は日本語訳が出ている。

伝道からエキュメニカル運動へ

エキュメニカル運動の開花は，キリスト教の海外伝道と密接に関
わっている。エキュメニカル運動とは教派を超えたキリスト者の結
束と，教会の一致を促進するための運動である。異なる宗教間の対
話もこの中に含まれてくる。このような運動はキリスト教世界より
も，それ以外の世界観を持つ地域で必要とされた。またアメリカン
ボードや女性主体の伝道団体などのような宣教師を送る側にとって
も，教派間でしのぎを削るより，協力できるところは協力していっ
たほうが好都合であった。

1910 年にイギリスのエジンバラで世界宣教会議 (the World Mis-
sionary Conference) が開催された。この会議で話し合われたことを
継続していくために，世界宣教協議会 (the International Missionary
Council) が 1921 年に結成された。モットはエジンバラ会議で議長
団の一員として働き，また協議会の委員長も長く務め，この運動に
多大な貢献をしている。このエジンバラ会議が 20 世紀のエキュメ
ニカル運動の源流となり，他のいくつかのエキュメニカル運動と合
流して，現在の世界教会協議会 (the World Council of Churches, 略
称 WCC) へと発展していくのである。

それまでのアメリカのキリスト教は，教派間で互いにしのぎを削
っていた。しかし世界伝道の現場では，対話を深めながら一致を目
指すという関係に変わっていったのである。世界伝道はエキュメニ
カル運動を推進する力であった。そうした意味で世界伝道は，宣教

師を送り出したアメリカの教会側にも変化をもたらしたと言える。

【課題】

• ジョサイア・ストロングの「われらの国」の一部は日本語で読める。この彼の論考を読み，ストロングがアメリカ人に何を訴えようとしているかについて考えてみよう。

• 先住民学校問題について調べ，そこで行われた「文明化」「キリスト教化」の問題について考えてみよう。

• どのようにしてアメリカのキリスト教は 20 世紀までに海外への宣教師を派遣する最大の国になったか考えてみよう。

• アメリカの宣教団体や宣教師と関わりの深い教育機関や医療機関の沿革を調べ，キリスト教が日本の教育や医療に果たした貢献について調べてみよう。

【より深く学ぶために】

小檜山ルイ「海外伝道と世界のアメリカ化」，森孝一編『アメリカと宗教』日本国際問題研究所，1997 年。

小檜山ルイ『アメリカ婦人宣教師──来日の背景とその影響』東京大学出版会，1992 年。

小檜山ルイ『帝国の福音──ルーシィ・ピーボディとアメリカの海外伝道』東京大学出版会，2019 年。

塩野和夫『19 世紀アメリカンボードの宣教思想 1 ── 1810-1850』新教出版社，2005 年。

中村敏『日本キリスト教宣教史』いのちのことば社，2009 年。

中村敏『日本プロテスタント神学校史』いのちのことば社，2013 年。

藤本大士『医学とキリスト教　日本におけるアメリカ・プロテス

タントの医療宣教』法政大学出版局，2021 年。

Hutchison, William R., *Errand to the World: American Protestant Thought and Foreign Missions,* Chicago: The University of Chicago Press, 1987.

第**7**章
産業発展期のキリスト教

南北戦争後のリバイバル

南北戦争が終わり 1870 年代になると，優れた大衆伝道家の活動によりアメリカは再び宗教的に高揚した時代を迎える。

南北戦争の前後で，大衆伝道家（リバイバリスト）のメッセージには微妙な変化が出てくる。南北戦争前のリバイバリストは，信仰のリバイバルと奴隷制廃止といった社会問題とを分けなかった。例えばC・G・フィニーはリバイバリストであり，奴隷制廃止論者でもあった。

これに対して南北戦争後のリバイバリストは，信仰についてのみ論じるようになった。とりわけ南部の人々は，戦争前の時代のトラウマと言うべきか，政治的な話をキリスト教の集会で聞くことに抵抗を感じていた。そこで南部を回っていた伝道者たちは，リバイバル集会で信仰に関する内容のみを語った。北部の都市で活躍した伝道者も，主にビジネスマンに対して信仰の強化を勧めた。彼らは経済的・政治的に不安定な時期にあっても政治的な話題を避けた。今日でもよく教会で言われる「霊的なこと」と「社会的なこと」の分離は，アメリカでこの頃始まったのである。

ドワイト・L・ムーディ

南北戦争後の時期の最も有名な大衆伝道家と言えばドワイト・L・ムーディ（Dwight L. Moody, 1837-99）である。ムーディは貧しさから十分な教育を受けられず，17歳でボストンで靴のセールスマンとして働き始めた。18歳の時に日曜学校の教師に感化されて回心し，信仰に生きる決意をした。この直後の1856年，彼はシカゴに移った。この頃の彼は，空いた時間を日曜学校やYMCA，慈善活動などのために使っていた。しばらくするとセールスマンの仕事を辞めて，伝道に専念するようになった。

1870年代に入るとムーディは，音楽の才能に恵まれたアイラ・D・サンキー（Ira D. Sankey, 1840-1908）と組んで大衆伝道を全米各地で行った。また1873年から2年間，二人はイギリスに渡って各地で伝道集会を開いた。ロンドンでは4か月間で200万人もの聴衆を集めるなど，彼らの集会はどこでも成功を収めた。

ムーディのメッセージの内容はきわめて単純で，個人の魂の救済を神に委ねることを勧めるものであった。彼は当時の他の説教者がしたような自由主義神学や聖書の歴史的・批判的研究に対する攻撃をしなかった。そのほうが聴衆も心地良く聞くことができたはずである。またサンキーは集会の中で讃美歌を歌い，聴衆が声を合わせて讃美するのを指導した。サンキーの讃美歌は日本語の『聖歌』に何曲か収められている。

イギリスからの帰国後，ムーディとサンキーは有名になっていた。彼らはその後もアメリカ各地で大規模な集会を開いた。彼らの集会はムーディのわかりやすい説教とサンキーの美しい讃美歌で構成されていた。ムーディは集会の開催期間中，相談用の部屋を開放して人々の悩みに個別に対応した。また彼はビジネスマンとしての経験から，積極的に広告を活用した。後に登場する大衆伝道者たち

は，この二人の集会のやり方をまねた。

ムーディは，1879年，マサチューセッツ州ノースフィールドにノースフィールド女学校（Northfield

ムーディ（左）が語り，サンキ（右）が歌うリバイバル集会

Seminary）を設立した。また，1881年には男子校マウント・ハーモン・スクール（Mount Hermon School）を設立した。いずれも貧しい若者に教育の機会を提供するための学校であった。さらに，ムーディらは1886年，伝道者養成機関としてシカゴ伝道協会（the Chicago Evangelization Society）を設立した。これがシカゴのムーディ聖書学院（the Moody Bible Institute）の前身である。日本のホーリネス運動を導いた中田重治は，このムーディ聖書学院の出身である。

　ムーディはその生涯において，牧師になることはなかった。彼は信徒でありながら，伝道団体や伝道者養成学校，教会を運営した。この後もアメリカのキリスト教の歴史にはムーディのような大衆伝道家が何度も現れ，リバイバルを巻き起こしている。彼らはスタジアムやホールに集まった何千人，何万人もの人々に語りかけた。

　例えば元プロ野球選手のビリー・サンデー（Billy Sunday, 1862-1935）は，1890年代から20世紀初めの時代に活躍した大衆伝道家である。彼は派手な衣装を着て，大げさな身振り手振りを交えて説教をした。彼の集会はエンターテイメントそのものであった。サン

デーの説教もムーディのものと同じように素朴な内容であった。しかし彼はムーディと違って，講壇から進化論や聖書の歴史的・批判的研究を舌鋒鋭く批判した。そして彼はしばしば大学で教えられる神学を，そして学者本人までもこき下ろした。

南北戦争後に生まれた新しい教派

　南北戦争後のリバイバルを背景に新しい教派が生まれた。ここではエホバの証人とクリスチャン・サイエンスを紹介する。

エホバの証人

　1872 年にペンシルヴァニア州の会社経営者チャールズ・テイズ・ラッセル（Charles Taze Russell, 1852-1916）が始めた小さな聖書研究会は，後に「エホバの証人」(Jehovah's Witnesses) と呼ばれる宗教団体になる [1]。

　この研究会の参加者は，キリストの再臨に関する聖書箇所をことさら丁寧に読み込んだ。ラッセルによればサタン（悪魔）とエホバの闘いには，キリストの目に見える形での到来によって終止符が打たれる。キリストは 1874 年に目に見えない形ですでに到来しており，1914 年に「異邦人の時代」の終わりが到来する（ルカによる福音書 21 章 24 節を引用）。この 1914 年は第一次世界大戦開戦の年であったため，彼の説は一時注目を集めた。

　1879 年にこのラッセルのグループは雑誌『シオンのものみの塔およびキリストの臨在の告知者』(*Zion's Watch Tower and Herald of Christ's Presence*) を創刊し，後に文書伝道を主な目的とした「ものみ

---

1)　彼らの団体名「エホバ」は彼らの神の呼び名である。

の塔冊子協会」（Watch Tower Bible and Tract Society）を組織した。これが現在，一般に「エホバの証人」と呼ばれるグループの始まりである。

　エホバの証人は，神の名の正しい呼び方は「エホバ」であると主張する。彼らが使用する独自の聖書『新世界訳』では，神の名がこの名前に統一されている。またキリストがかけられたのは，十字架ではなく棒杭であると主張し，既成教会が十字架を偶像化していると批判する。他にも彼らは，キリストは被造物であり，聖霊は神の力に過ぎないとして，既成教会が根本教義とする三位一体を否定した。

　ラッセルの死後，この運動はジョセフ・F・ラザフォード（Joseph F. Rutherford, 1869-1942）の指導のもとで世界中に広まった。第二次世界大戦中は，ドイツや日本において弾圧を受けた。「エホバの証人」と言うと輸血拒否や格闘技拒否，兵役拒否などでもよく知られている。

クリスチャン・サイエンス

　クリスチャン・サイエンス——正式名称は The Church of Christ, Scientist，日本語では「科学者キリスト教会」あるいは「キリスト教科学」——は，メアリー・ベーカー・エディ（Mary Baker Eddy, 1821-1910）により始められた。彼女は生まれつき体が弱かった。1862年，彼女は病気の治療のためにフィニアス・クインビー（Phineas Quimby, 1802-1866）のもとを訪れた。クインビーは催眠療法や暗示治療といった治療法を実践していた。彼はその経験から，病気はすべて誤った信念から生じるものであり，心の歪みが正されれば身体的な病気も治癒すると考えていた。エディはクインビーによっても全快したわけではないのだが，彼から強烈な影響を受け

た。

1866 年，彼女は氷の上で転倒して大けがを負い，数日間寝込む
ことになった。そんな時にマタイによる福音書 9 章 2 節の「する
と，人々が中風の人を床に寝かせたまま，イエスのところへ連れて
来た。イエスはその人たちの信仰を見て，中風の人に，『子よ，元
気を出しなさい。あなたの罪は赦される』と言われた」というくだ
りを読んで，奇跡的な治癒を経験した。この経験から彼女は，病気
と誤った信仰は密接につながっていると確信したのである。そして
病気を治療するためには科学だけでなく，神についての正しい理解
の回復が不可欠であると考えた。

彼女はこのような考えに基づいて治療行為を行った。1875 年に
は『科学と健康——付・聖書の鍵』(*Science and Health with Key to the
Scripture*) という本をまとめ，その 4 年後，ボストンに「第一科学
者キリスト教会」(The First Church of Christ, Scientist) を設立した。
クリスチャン・サイエンス教会にとってボストンのこの教会は「母
教会」(The Mother Church) であり，全米・全世界の他の教会は「枝
教会」(Branch Churches) と位置づけられている。現在クリスチャ
ン・サイエンスは全米各地に教会を持っている。日本でも表参道か
らちょっと入ったところに第一科学者キリスト教会がある。礼拝で
は聖書とともに『科学と健康』が朗読される。

この教派は知らないが，『クリスチャン・サイエンス・モニター』
(*the Christian Science Monitor*) という新聞なら知っているという人が
いるのではないだろうか。この新聞は 1908 年にエディによって創
刊されたが，クリスチャン・サイエンスとは独立した新聞である。
『モニター』紙の報道は正確かつ公平で，ピュリツァー賞を何度も
受賞するほど評価が高い。特に「誰も傷つけない」という同紙の編
集方針は，犯罪報道についても徹底している。政治家・財界人・知

識人といった層に読者が多い。同紙は2009年からウェブ版（https://www.csmonitor.com/）のみの発行となった。ちなみに同紙出身のジャーナリストに櫻井よし子氏がいる。

社会進化論と富豪たちの慈善

　1869年，南北戦争で北軍を勝利に導いたユリシーズ・グラントが大統領に就任した。彼の2期8年間の在任期間から1900年頃まで続いた経済発展期を「金ぴか時代」（Gilded Age）と呼ぶ。この時代，鉄道が盛んに建設されて都市を網の目のように結び，人と物の円滑な移動が可能になった。またアメリカの産業は，高い関税率によって守られていた。

　自由放任主義のもとで企業間の競争は熾烈を極め，どの業種においても独占企業が生まれた。独占企業は政治家や役人を抱き込み，自分たちに都合の良い政策を取らせた。政治も経済も腐敗し切っていた。

　鉄道王コーネリアス・ヴァンダービルト，鉄鋼王アンドリュー・カーネギー，石油王ジョン・ロックフェラーといった，勤勉さと才覚とでビジネスを成功させ，巨万の富を築き上げた人々が時の人として注目された。アメリカの一般大衆は彼らのサクセス・ストーリーに学び，彼らの意見に耳を傾けた。

　その裏で世界中からやって来た移民やアフリカンアメリカンは，都市部では低賃金労働者として過酷な労働を強いられ，衛生状態の劣悪な地域に住むことになった。農民の生活も，作物の価格が崩れるなど決して良いものとは言えなかった。この時代，各地で労働運動や農民運動が始まった。キリスト教の中でもこの資本主義が生み出した格差について様々な意見が交わされ，新たな取り組みが生ま

れた。

社会進化論と「富の福音」[2]

　この時代，資本主義によって富が少数の成功者に集中すること
を肯定する考え方として社会進化論（social Darwinism）がもてはや
された。イギリスのチャールズ・ダーウィンは『種の起源』（*On the
Origin of Species*, 1859）の中で，生き物は時間をかけて変化すること
を明らかにし，それを「自然淘汰」（natural selection）と呼んだ。ダ
ーウィンの言う自然淘汰とは，その種が環境に適応しているかどう
かが生存と繁殖を左右するというものだった。

　イギリスの哲学者ハーバート・スペンサー（Herbert Spencer,
1820-1903）は，ダーウィンの言う進化は自然だけでなく社会や文
化にも通じる原理であると考えた。彼はダーウィンの「自然淘汰」
を「適者生存」（the survival of the fittest）と言い換え，人間社会は未
開状態から文明へと発展すると主張した。

　アンドリュー・カーネギーはスペンサーの適者生存という考え方
を気に入り，スペンサーと積極的に交流した。スペンサーはカーネ
ギーの支援で 1882 年にアメリカを訪問している。

　このスペンサーの思想を受け継いだのがウィリアム・グラハム・
サムナー（William Graham Sumner, 1840-1910）だった。彼はアメリ
カ聖公会の聖職者であり，イェール大学の政治社会学の教授であっ
た。彼は適者生存の法則は所与の原理であるから，それを人間が制
限するようなことがあってはならないとして自由放任主義経済を支

　2）　この節に出てくるスペンサー，サムナー，カーネギーの書いた論文は日
本語で読める。例えば後藤昭次，本間長生編『社会進化論（アメリカ古典文庫
18）』研究社，1975 年。

持した。そして彼は，富める者に求められるのは善意のみであると
説いた[3]。

　アンドリュー・カーネギー（Andrew Carnegie, 1835-1919）はスペ
ンサーの社会進化論を取り入れて『富の福音』を執筆した。この
カーネギーの人生は，誰もが大好きなサクセス・ストーリーであ
る[4]。彼は 1838 年，3 歳の時にスコットランドから貧しい移民の子
どもとしてニューヨークにやって来た。彼は工場労働者，電報配達
人，電信技師，鉄道書記と，様々な職を経験した。どの職場におい
ても，彼の勤勉さと才能は周囲に認められた。南北戦争の頃，鉄道
書記として働いた経験から彼は「鉄の時代」がやって来ることを予
見し，戦後に製鉄会社を始めた。彼の会社は最新技術の導入，コス
ト削減，賃金抑制などによって大成功を収め，次々と他の会社を吸
収合併した。ついに彼は「鉄鋼王」と呼ばれるまでになったのであ
る。

　彼はこう述べる。「扶養家族の正当な希望を適度に満たし，残っ
た全収入を委託された資金にすぎないと考え，自らの判断で最も社
会に役立つ結果をもたらすのにいちばんふさわしい方法で管理する
のが自分に課せられた厳しい義務だと自覚することである。こうし
て，資産家はより貧しい同胞のたんなる代理人兼管財人となり，よ
り高度な知恵と経験と能力を貧しい人々のために発揮し，彼らが自

　3）　ここまでの説明で明らかなように，社会進化論を英語でソーシャル・ダ
ーウィニズムと言うが，ダーウィンの試みの曲解とも言えなくもない。

　4）　カーネギーの自伝は読みやすく，今でもアメリカの若者に読まれている。
日本語訳はアンドリュー・カーネギー著，坂西志保訳『カーネギー自伝』（中
公文庫）中央公論新社，2002 年。

分で資産管理する以上の成果をあげるのである」[5]。

　彼が言わんとするのはこういうことである——もしもすべての人に平等に富を分配するとなると，一人が持てる富はわずかなものになってしまう。むしろ能力のある少数の者がすべての富を掌握し，社会のために有効に用いたほうが良いのである——この考えは社会進化論を用いて自身の富を正当化するものである。

企業家による慈善活動

　カーネギーはカーネギー財団を設立し，大学，図書館，平和基金など，かなり広い分野での社会貢献を行った。彼の寄付先は幅広く，オランダのハーグにある国際司法裁判所の建物（『平和宮』）も彼の寄付による。またブッカー・T・ワシントンにも多額の支援をしている（第4章参照）。

　ロックフェラーは，カーネギーの考えに賛同し，多くの財産を医学研究や慈善事業に投じた。また次章で詳しく述べるが，バプテスト派の信徒である彼は，アメリカン・バプテスト教育協会とともにシカゴ大学を設立している。カーネギーやロックフェラーの他にも多くの企業家が慈善事業や大学などの教育研究機関に自身の財産を注ぎ込んだ。ヴァンダービルト，ドリュー，デュークと言えば当時の企業家の名前であるが，同時にアメリカの名門キリスト教主義大学の名前でもある。

　もちろん大富豪たちは，教会にも多大な貢献をしている。例えばカーネギーは，教会オルガンのために多額の寄付をした。またロックフェラー家も，YMCAやニューヨークのユニオン神学校に多額

---

5)　カーネギーの『富の福音』より。引用は佐々木隆・大井浩二編『史料で読むアメリカ史　3』東京大学出版会，2006年，156頁。

の寄付をしている。都市部の教会は成功した企業家の献金によって
建物を新しくしたり，教育プログラムを増やしたり，セツルメント
などの慈善事業を起こしたりした。

社会福音

しかし企業家たちがアメリカの富をかき集める一方で，労働者は
低賃金で危険な労働現場での長時間労働を強いられていた。また都
市部では慢性的に住宅が不足しており，労働者の家族は不衛生で狭
い住居に住まざるを得なかった。このような労働者となったのは，
主に農村からやって来た人々と新移民であった。また，女性や子ど
もも過酷な労働現場に身を置かざるを得なかった。そうしなけれ
ば，都市に暮らす貧しい人々は生きられなかったのである。

労働運動と教会

1870 年代，労働組合はそれほど多くなかった。1869 年にフィラ
デルフィアの衣服裁断工によって結成された労働騎士団（Knights
of Labor）は，民族，人種，職能，業種を超えた唯一の大規模な労
働者の組織であった。団員には新移民としてやって来たカトリック
が多く，プロテスタントや共産主義者も含まれていた。ちなみに
1879 年に労働騎士団のリーダーになったテレンス・パウダリーは
カトリックであった。騎士団は 1 日 8 時間労働，子どもの労働の
禁止，平等な労働に対する平等な賃金の支払いなどを要求してスト
ライキを行った。騎士団はパウダリーがリーダーを務めた 80 年代
に急成長し，団員数は 1886 年には最高の約 73 万人に上った。

こうした労働運動に対して，企業家から多額の献金を受けていた
教会が批判的であったことは言うまでもない。多くの教会の指導者

が，労働運動を過激な運動，無神論的な共産主義者の集まりとして
非難している。ちなみに 1848 年にはカール・マルクスとフリード
リヒ・エンゲルスの『共産党宣言』が出版されており，「共産主義
という妖怪」がヨーロッパやアメリカの資本家たちに恐れられ始め
ていた。組合はその「妖怪」の温床だと思われていたようである。

　しかし少数ではあったが，教会指導者の中にも労働者の運動に同
調した者もいた。例えばカトリック枢機卿のジェームズ・ギボンズ
(James Gibbons, 1834-1921) は労働者の悲惨な状況に同情し，労働
者には団結権があるとし，労働騎士団を支援した。

　また後述するワシントン・グラッデンは，騎士団にシンパシーを
寄せていた。さらにマサチューセッツ州の組合派牧師である W・
D・P・ブリス（William Dwight Porter Bliss, 1856-1926）は，騎士団
の一員として積極的に活動していた。このような労働問題や，これ
と不可分の都市問題への取り組みから，「社会福音」(Social Gospel)
と呼ばれる動きが生まれた。

社会福音とは何か

　社会福音とは，当時の高度化する資本主義に対するキリスト教の
立場からの応答の一つである。南北戦争後の時代に社会改良運動を
展開したキリスト者は，個人の魂の救済よりも正義を取り戻すこと
によって社会を救うことに焦点を当てた。こうした彼らの運動が次
第に「社会福音」と呼ばれるようになったのである。そこに社会主
義の影響がないとは言い切れない。社会改良運動を行うキリスト者
の中には，「キリスト教社会主義」を提唱する者もいたからである。

　しかし社会福音の根幹にあるのはイエスの倫理，とりわけ「神の
国」に他ならない。ここで言う「神の国」とは「あの世」的なもの
ではなく，現実の社会を改革した結果生まれる世界のことである

（これは後千年王国説的な立場と言えるが，千年王国説については次章
で述べる）。以下にこの運動の 3 人の代表的な人物を挙げる。

ワシントン・グラッデン

　ワシントン・グラッデン（Washington Gladden, 1836-1918）は，
マサチューセッツ州スプリングフィールドやオハイオ州コロンバス
の組合派教会で牧師として働いた。コロンバスの鉱山では，1880
年代に 2 度もストライキがあった。彼の教会にはその鉱山の所有
者も所属していた。しかし労働者の要求のほうが正しいと信じた彼
は労働者の権利について語り，企業がもっと「黄金律」（マタイによ
る福音書 7 章 12 節）に従うよう講壇から説いた。

　彼は 1876 年に『労働者と雇用者』（*Working People and Their Employ-
ers*）を，1886 年には『実践的キリスト教――社会的問いかけの道徳
的側面』（*Applied Christianity: Moral Aspects of Social Questions*）を出版し
た。彼は生涯のうちに 38 冊の本を出版している。

　彼の主張を概説するとこうなる。社会進化論者が是とする自由放
任主義経済は不正義を生み出し，労働者を貧困に追いやっている。
極度の貧困状態の中では人々のモラルが低下していくことから，経
済の問題は道徳上の問題でもある。ここに牧師が社会問題に取り組
まなければならない理由がある。

　グラッデンは労働者の団結権を認める一方で，労働者が目的を達
成するために暴力に訴えるべきではないと主張した。むしろ兄弟愛
をもって資本家を説得し，正義を回復することを労働者に勧めたの
である。イエスが説いた兄弟愛の倫理こそがすべての階級の人々に
正義をもたらすという信念が，彼の神学の根幹にあった。

チャールズ・M・シェルドン

カンザス州トペカの組合派牧師チャールズ・M・シェルドン（Charles M. Sheldon, 1857-1946）は，1897年に『みあしのあと』（*In His Steps*）という小説を出版した。この本はアメリカで2000万部も売れた。この小説では50人の登場人物が，自身の状況と向き合いながらそれぞれ「イエスなら，どのようにされただろうか」と自らに問い，人生の決断をしている。シェルドンは「イエスならどのようにされただろうか」（What would Jesus do?）とキリスト者が繰り返し問うようになれば，社会は決定的に変わるだろうと考えたのである。

ウォルター・ラウシェンブッシュ

ラウシェンブッシュの社会福音は，当時のキリスト教の社会実践の集大成とも言える。バプテスト派の牧師ウォルター・ラウシェンブッシュ（Walter Rauschenbusch, 1861-1918）は，1892年に友人と共に「神の国兄弟団」（the Brotherhood of the Kingdom）を結成して社会運動に取り組んだ。また，ニューヨーク市のヘルズキッチンという貧困地域の教会で牧師をした経験が，彼の神学を方向づけた。彼は何度かドイツに渡り，そこで新約聖書学や歴史神学を学んだ。そして1897年には，バプテスト派のロチェスター神学校（Rochester Theological Seminary）の教員になった。教員になってからも彼は教育・研究のかたわら，ロチェスター市の社会改良の取り組みに携わっている。代表的著作には『キリスト教と社会の危機』（*Christianity and the Social Crisis*, 1907年，日本語訳は，新教出版社，2013年）や『社会福音の神学』（*Theology for the Social Gospel*, 1917年，日本語訳は，教文館，1925年）がある。

2013年に待望の日本語訳が出版された『キリスト教と社会の危

機』には，経済のしくみと旧来の神学に対する批判が含まれている。彼は当時の経済のしくみが，生産の能率を上げるために労働者を非人間化していることを指摘した。彼は次のように述べる。「キリスト教の霊的力は，産業と社会制度に見られる物質主義と富裕主義に抵抗すべきである」。不正に満ちた社会のしくみを変革することは，キリスト者の義務である。ところが旧来の神学は，キリスト者をその義務から遠ざけてしまっているのである。

　『社会福音の神学』の中で彼は，「神の国」を次のように説明している。イエスの生涯は，全人類の連帯性を回復させるためのものであったが，彼は十字架にかかって亡くなった。十字架での死は，普遍的連帯性に反対する人間の罪を如実に物語っている。神の国の実現とは，その連帯性を回復し，すべての人々の平等のために働く社会システムを構築することである。また，キリストの法が人間の具体的生活において実現することでもある。彼によれば人間の救いとは，この神の国が実現することなのである。

　彼の思想は当時の牧師たちからは「異端」，「社会主義」といった批判を受けた。また彼の著作の中には，内容があまりにも過激であるとして彼の死後ずいぶん経ってから公表されたものもある。

片山潜

　日本人でこの社会福音の影響を受けた代表的人物は片山潜であろう。片山は1884年にアメリカに渡り，苦学をして各地を巡り，アンドーヴァー神学校，イェール大学で学んだ。アメリカ滞在中，彼は労働問題・都市問題に取り組む社会キリスト教の活動に携わっていた。そして1896年に日本に帰国した。帰国後，彼は牧師を目指すが叶わず，アメリカで触れたセツルメント運動を日本で始めた。1901年の社会民主党，1922年の日本共産党の結成に深く関わり，

最後は国際的な共産主義運動の組織コミンテルンの指導者としてモスクワで亡くなった。

現代にも残る社会福音

教会の社会に対する関心は 1920 年代頃には急速に薄れていくが，失われたわけではない。例えば現在でもエキュメニカル団体や諸教派の組織内には「社会委員会」や「社会行動委員会」，「社会正義と平和部」といった社会問題を扱う専門委員会がある。こうした専門委員会は 19 世紀後半に誕生し，何度も名前を変え，活動内容を刷新しながら現在に至っているのである。

YMCA

資本主義が高度化したこの時代，教会は資本家側につき，社会福音を掲げるキリスト者だけが労働者と連帯したと言い切ってしまうことはできない。社会福音とは違う形で都市問題に対応したキリスト教の運動はいくつもあった。

YMCA（Young Men's Christian Association）は 1844 年，イギリス・ロンドンで誕生した。創立者はジョージ・ウィリアムズ（George Williams, 1821-1905）である。当時のロンドンは産業革命期にあって，若い労働者が急増していた。しかし労働環境は危険で，また住環境も不衛生であった。ウィリアムズは服地屋で働くためにイギリス南部からロンドンへ出て来たが，ここでの労働時間も週 6 日，1 日 14 時間と過酷なものであった。彼の同僚たちは仕事が終わると酒場に入り浸った。このような生活を送っていれば，いずれ誰もが健康を害してしまうばかりでなく，魂の力をも弱めてしまう。そう考えた彼は，信仰による愛と勇気こそが身体と魂の健康を取り戻

すために必要であるという信念のもと，職場の同僚らと共に小さな祈祷会を持つようになった。これが1844年のYMCAの結成につながった。

　結成当初のYMCAの会員はさまざまな教派に属していたが，YMCA自体はどの教派からも独立した団体だった。当初YMCAでは，祈りと聖書を学ぶための集会と青年労働者の交流が主な活動であった。後にスポーツなどのリクリエーション活動や夜間学校なども行われるようになる。1851年にはイギリス中に24のYMCAの支部があり，会員数は約2700人に上っていた。1851年，カナダのモントリオールとアメリカのボストンでもYMCAが組織された。1853年にはワシントンD.C.に，アフリカンアメリカンのYMCAができた。1855年には9カ国のYMCAが参加して第1回世界YMCA大会がパリで開かれ，世界YMCA同盟が結成された。

　YMCAは南北戦争中，兵士たちに聖書を配布し，戦争捕虜や負傷者のためのボランティア活動を行った。戦後は魂の救済に活動の焦点を置き，酒場や街角などで説教を行ったり，寄宿舎や図書館を運営したりといった活動も展開した。1880年代にYMCAは急成長し，新しい施設をあちこちの都市に建設していく。その中には体育館とスイミングプール，中には講堂やボーリング設備を持つ大規模なものもあった。ちなみに1890年代にバスケットボールとバレーボールを考案して世界中に広めたのはYMCAである。また多くの都市でホテルを運営している。

　この頃のYMCA運動への貢献者は，ドワイト・ムーディとジョン・R・モットである。ムーディはシカゴのYMCAに積極的に関わっており，後に理事長に就任している。またモットは1915年以降，世界YMCA国際委員の総幹事，YMCA世界委員会の理事長などを務め，YMCAの運動を広めるために世界中を奔走したのであ

る。

日本では，1880 年に東京基督教青年会（東京 YMCA）が設立された。東京 YMCA が創刊した『六合雑誌』は，日本史の教科書にも出てくる。今でも全国 34 の都市に支部を置き，幼稚園や保育園，通信制高校などを運営している。私が高校生の頃は YMCA と言えば予備校だった。また，1906 年に東京で組織された在日本韓国 YMCA は韓国独立運動の拠点でもあり，1919 年の 3.1 独立運動のきっかけとなった 2.8 独立宣言が同 YMCA 講堂で採択された。

YWCA

女性のキリスト教団体である YWCA（Young Women's Christian Association）が誕生したのは，YMCA に少し遅れて 1855 年のことである。YWCA はロンドンの若い女性たちの祈りのグループと，女性労働者のための寄宿舎から生まれた。その 3 年後にはニューヨークとボストンで，女性労働者や学生のための寄宿舎が YWCA によって建設された。1870 年代には，主にタイプライティングを教える職業訓練所と職業紹介所が各地の YWCA の中に開設された。

YMCA と YWCA の違いは，YMCA は男性・女性の両方が参加し，活動の中心はリクリエーションとボランティアであるのに対して，YWCA の活動は基本的に女性の自立をサポートするためのものであることである。YWCA の活動に男性が参加することもできるが，主体はあくまで女性である。YWCA は 19 世紀から 20 世紀初頭にかけて，女性をめぐる労働問題について積極的に社会にアピールしてきた。現在でも社会正義や平和実現のための活動をかなり活発に行っている。

1894 年には世界 YWCA が結成されており，1905 年には日本で

も河井道らによって日本 YWCA が創立されている。現在，世界 122 カ国に 2500 万人の会員がいる。アメリカでは 200 万人の会員が 300 の YWCA で活動している。

救世軍

　救世軍も YMCA や YWCA と同じくロンドンで始まった。特徴は何と言っても軍旗，制服，階級といった軍隊式組織を採用している点である。教会は小隊，信徒は兵士，牧師は小隊長となる。この軍隊式組織には意味がある。制服や階級を設けることで，この活動に参加する信徒（兵士）は富める者も貧しい者も同じ制服を着て，社会階級を越えて効率良く活動できるのである。

　救世軍は 1865 年，メソジスト派の牧師であったウィリアム・ブース（William Booth, 1829-1912）とその妻キャサリン・ブース（Catherine Booth, 1829-90）が東ロンドンの貧しい住民の多い地区で伝道を始め，間もなく「東ロンドン伝道会」を組織したことから始まった。ブースは貧しく教育を受けることができなかった人々への伝道を行うにあたって，福音を宣べ伝えることと社会事業は不可分のものであると考えた。そこで野外や夜間に行われる伝道集会の他にも，給食や夜間学

救世軍による食糧の配給

校，断酒会なども展開した。ブラスバンドの演奏によって人々を集め，説教と慈善活動を行うという形式もかなり初期の段階から行われていた。1878年にブースはそれまでの伝道団体を軍隊式の組織に変え，「救世軍」(the Salvation Army) として名乗りを上げた。

救世軍がアメリカで活動を開始したのは1880年である。アメリカの諸都市においても，救世軍は伝道活動と給食サービスや一時宿泊所などの社会事業を密接につなげながら成長していった。1904年までに救世軍は900の小隊をアメリカに設立した。現在アメリカの救世軍は，各地の約3500人の士官——プロテスタントで言うところの教職——と約11万3千人の兵士から成る。

救世軍は一つの独立した教派として存在している。その教理はメソジスト派と大きな違いはないが，個人の「きよめ」を強調する。また救世軍は洗礼や聖餐を行わないが，特にこれを否定しているわけでもない。「入隊」にあたっては誓約書にサインをし，軍旗のもとで入隊式を行うことになっている。禁酒・禁煙など生活の規律は厳しく，奉仕活動も盛んである。救世軍は奉仕活動を通して社会問題に関わっても，政治的取り組みは行ったことがない。

アメリカの救世軍は，低所得者のために服や家具などのリサイクルショップやフードバンクを各都市で運営している。またプールや保育園を運営しているところもある。

日本では1895年にエドワード・ライト大佐（Edward Wright, 1863-没不明）らによって伝道が開始され，山室軍平らによって大きく成長していった。1903年からは廃娼運動を展開して有名になった。他にも病院や社会福祉施設などの社会事業を今日でも展開している。

禁酒運動

　南北戦争後に興隆した禁酒運動は，南北戦争から第一次世界大戦までの時代の教会において革新的な出来事であった。この運動はそれまで対立していた南部も北部も，当時少しずつ分岐していた福音派も社会派も，リベラル派も保守派も，あらゆるプロテスタントの流れを包括した運動であった。またこの運動はプロテスタントだけでなく，保守的なカトリックの支持も得た。つまり，これほど幅広くキリスト者を立ち上がらせた運動は後にも先にもないのである。加えて，この運動では女性が主役を担った。これが後に活発になるアメリカの女性運動の下地になったとも言える。

禁酒運動とは何か

　禁酒運動（temperance movement）は当初，全面的な禁酒を掲げていたわけではない。"temperance" が「節制」を意味するように，酒場などに入り浸ったり，暴飲したりすることを避けるよう勧める運動であった。ところがこの運動が「禁酒」の法律制定を推進するにあたって，まずアルコール度数の高い蒸留酒の製造と販売の禁止が求められるようになった。そして徐々に醸造酒も含めたすべての酒類の製造・販売の禁止を定めた憲法修正条項を要求するようになったのである。

南北戦争前の禁酒運動

　禁酒運動のルーツはピューリタンにまでさかのぼることができる。そもそも節酒は，ピューリタンの時代からキリスト者の徳目の一つであった。19 世紀に入ると，禁酒がキリスト者の守るべき道

徳から「運動」になっていった。

1826年にアメリカ禁酒協会（the American Temperance Society）が
ボストンで結成された。入会に必要なのは，わずかな会費と禁酒誓
約書のみであった。この団体は集会を開いたりトラクトを配ったり
して禁酒を訴え，禁酒誓約書を集めた。この会には多くの女性や子
どもまでもが参加して，会員数を伸ばした。

1836年，この団体からアメリカ禁酒同盟（the American Temper-
ance Union）が誕生した。この同盟は全米に約8000の支部と150
万人の会員を抱える大組織になった。キリスト者でありリバイバリ
ストの一人であったライマン・ビーチャーがこの運動の代表的な提
唱者の一人であった。しかしこの頃の禁酒運動は，都市部において
それほど影響力のあるものとは言えなかった。

南北戦争後の禁酒運動

禁酒運動が全米で影響力を持つようになったのは，南北戦争が終
わってからのことである。それまで奴隷制と戦ってきたキリスト者
たちは，南北戦争後の新たな標的を探していた。そこで酒——あるいは酒場——が，彼らの格好の攻撃対象になったのである。人間の
体は「主における聖なる神殿」（エフェソの信徒への手紙2章21節）
であるという聖書の言葉が，キリスト者に禁酒運動に参加する動機
を与えた。

1869年にシカゴで開かれた禁酒運動家の集まりから禁酒党（the
Prohibitionist Party）が結成され，1872年には大統領候補を出した。
同時に各地では禁酒法制定に向けた取り組みが展開された。

女性と禁酒運動

禁酒運動の主力は，何と言っても女性であった。酒は女性にとっ

て大きな問題で
あった。男性た
ちは職場からの
帰り道に酒場に
寄り，生活費を
浪費してしま
う。こういった
酒場は，買春や
ギャンブルの温
床でもあった。

禁酒運動を進める女性の戦術の一つのプレイ・イン

また泥酔して帰宅した男性は，女性や子どもに暴力を振るった。そのため酒や酒場がなくなれば，生活苦と暴力から解放されると彼女たちは考えたのである。

　女性たちが考え出した戦術の一つがプレイ・イン（pray-in）である。これは，女性たちが集団で酒場に出かけて行き，店の中かその前で，店主が店を廃業すると約束するまで讃美歌を歌い，ひざまずいて祈りを捧げるというものであった。1873 年にオハイオ州で始まったこの取り組みは，31 州に広がっていった。このような女性たちの取り組みから女性キリスト教禁酒同盟（the Women's Christian Temperance Union，以下 WCTU）が 1874 年に生まれたのである。

　WCTU のリーダーは，メソジスト派の信徒でイリノイ州の教員だったフランシス・ウィラード（Frances Willard, 1839-98）である。彼女は禁酒党に対して，禁酒だけでなく家庭の保護も視野に入れた活動として拡大していくよう求めたが，これは男性メンバーには積極的に受け入れられなかった。他にもムーディと協力して，彼の大衆伝道と連携した女性の伝道団体を組織し，教会で女性が説教でき

るよう訴えた。

　彼女は禁酒運動が単なる社会風紀運動から脱皮して，女性の権利を獲得するための社会変革運動に成長していけると考えていたのだろう。WCTU は買春，教育，婦人参政権といったさまざまな課題についても取り扱うようになったが，そうすると他の禁酒団体との協力関係が危うくなり，内部でも齟齬をきたした。そのため禁酒に特化した新たな団体が必要になってきたのである。

禁酒法に向けた取り組み

　そこで 1895 年，反酒場連盟（the American Anti-Saloon League）が結成された。メンバーの多くはキリスト者で，その中にはジョン・ロックフェラー親子も含まれていた。この運動は攻撃対象を酒ではなく一般社会で悪評の高い酒場とすることで広く支持を得ることができた。ただしこの運動の背景に，東・南ヨーロッパから大量にやって来た新移民に対する排外主義的風潮（nativism）があったことは否定できない。こうした新移民の中にはアルコール度数の高い蒸留酒を飲む習慣のある者もおり，そうした労働者が酒場に集まって来るのを人々は快く思っていなかったのである。禁酒運動には保守的なカトリックのメンバーも参加していたが，それでも圧倒的多数はアングロ・サクソン系のプロテスタントであった。反酒場連盟は強力な資金力をもって禁酒法に賛成する議員を選挙で支持し，反対の議員を批判した。

　20 世紀に入ると州ごとに禁酒法が成立したが，その内容は蒸留酒のみを禁止するものから，あらゆる酒類の製造・販売・運搬を禁止するものまでまちまちであった。しかし 1919 年の合衆国憲法修正第 18 条およびその執行法である全国禁酒法——通称「ボルステッド法」——によって，禁酒運動は一応の目的を達成したのであ

る。

19世紀のアメリカ・キリスト教の特徴

　南北戦争後から第一次世界大戦までの時代のキリスト教について，二つの点を指摘してこの章を閉じよう。

霊的なことか，政治のことか
　「教会は霊的なことにのみ関わり，社会や政治の問題には関わるべきでない」という教会でよく聞かれるこの意見は，この頃アメリカの教会で言われるようになった。それまでのキリスト教は，個人の魂の救済と社会問題を区別することはなかった。独立戦争前の大覚醒から独立の気運が生まれたことや，南北戦争前のリバイバルで奴隷制廃止が叫ばれたことがそれを証明している。しかしムーディの大衆伝道は，個人の魂の救済に焦点を絞っていた。他にもこの時代に誕生する福音派やホーリネス運動も，社会問題に対する発言や政治的な活動はほとんど行わなかった。これに対して社会福音を提唱するキリスト者は，個人の魂のきよめと社会改革を結びつけるリバイバルの伝統を引き継ぎながらも，社会の改革のみを強調する傾向が強かった。ここに福音派対社会派という，現代の日本の教会にも見られる対立の構図が誕生したのである。

主流教派の誕生
　次に，主流教派（mainline denominations）と呼ばれる教派がこの時代に出揃った。19世紀末のアメリカでカトリックは800万人の信徒を獲得して，キリスト教の中で最大の規模を誇るようになった。それに対してメソジスト派系列は南部と北部，監督制を取らな

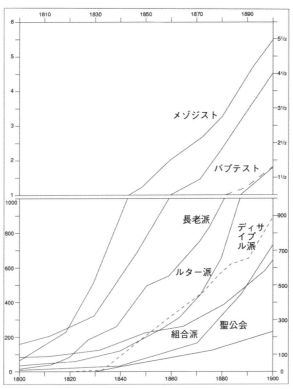

グラフ2　縦軸は100万人

いメソジスト・プロテスタント，アフリカン・メソジストなどをすべて含めて約550万人で，プロテスタントで最大であった。バプテスト派系列は400万人，長老派系列は150万人となっている。新移民の増加によって急成長したルター派系列は，すべて合わせると大体長老派と同じくらいの規模であった。また，リバイバルで誕生したディサイプル派は100万人に急増した。組合派と聖公会（旧イギリス国教会）は，それぞれ60万人程度であった。このメソジスト派・バプテスト派・ルター派・ディサイプル派・組合派・聖公会を主流教派と呼ぶようになる。1900年頃のアメリカの人口は約

7600 万人で，教会に籍を置く者の数は約 2600 万人であった。その
うちの 5 分の 4 が，これらの主流教派に属していた。

　1908 年にはこれらの主流教派を含めた 33 教派を包括する全米
キリスト教協議会（the Federal Council of Churches of Christ，以下
FCC）が結成された。FCC は失業問題や平和問題といった社会問
題に対して積極的に発言していく。ただし FCC がすべての教派を
包括できたわけではなく，この後急成長を遂げていく福音派・ホー
リネス・ペンテコステといった教派はこれに参加していない。次章
ではこの福音派の誕生について説明する。

【課題】
• 現在，全世界の富の 8 割が 1 ％の富裕層に集中している。「社会
　進化論」はこうした状況を肯定する理論として生まれた。ダーウ
　ィンの言う「自然淘汰」と社会進化論の「適者生存」との違いを
　調べ，社会進化論の問題点について考えてみよう。
• ラウシェンブッシュのいくつかは日本語で読める。その著作の中
　で彼が「神の国」を何と説明しているか調べてみよう。
• YMCA や YWCA，救世軍は日本でも活動している。それぞれの
　団体の特色，あゆみ，そして現状を調べてみよう。

【より深く学ぶために】
岡本勝『禁酒法──「酒のない社会」の実験』（講談社現代新書）
　講談社，1996 年。

Ernst, Eldon G, and Douglas Firth Anderson. *Pilgrim Progression:*
　The Protestant Experience in California. Santa Barbara: Fithian,
　1993.

以下の 2 冊は社会福音の著作である。

チャールズ・シェルドン著，川越敏司他訳『みあしのあと』新教
　出版社，2008 年。

ウォルター・ラウシェンブッシュ著，山下慶親訳『キリスト教と
　社会の危機——教会を覚醒させた社会的福音』新教出版社，
　2013 年。

第**8**章
プロテスタントにおける新しい潮流

　大統領選のたびにその動向が注目される「福音派」であるが，キリスト者ですらそれが一体何を意味しているのかわからないことがある。ましてや2016年の大統領選の頃から，アフリカンアメリカンやアジア系の福音派を除いた「白人福音派」というカテゴリーが用いられるようになったことで，そのややこしさが増してきた[1]。

　本章で扱う19世紀後半から20世紀初頭にかけて，個人の信仰の覚醒から生活のきよめを強調するホーリネス運動やペンテコステ運動，近代文化の規範に対抗して旧来の素朴なキリスト教信仰と前千年王国説を結びつけたファンダメンタリスト運動が起こった。彼らはモダニズムの中でも史的批判的聖書学に対抗する形で急成長した。モダニストとファンダメンタリストの論争が一段落つくと，モダニストにはついて行けないが，ファンダメンタリストほど攻撃的でもない素朴な信仰を持つキリスト者に「福音派」というラベルが貼られるようになった。

---

　1)　白人福音派は福音派全体のだいたい6割と言われている。America's Changing Religious Identity by Public Religion Research Institute. https://www.prri.org/research/american-religious-landscape-christian-religiously-unaffiliated/ 〔2021年10月1日取得〕

モダニズム

「モダニスト」とは，19世紀のドイツ自由主義神学の影響を受けて近代の規範の中でキリスト教信仰を捉えようとするプロテスタントの神学者に対して，伝統的な信仰の立場を守ろうとするキリスト者が貼ったレッテルである[2]。

19世紀後半のアメリカの神学者の中には，ドイツの大学に留学する者が少なくなかった。彼らはリッチュル学派や，ヴレーデ，トレルチらの宗教史学派といったドイツの自由主義神学をアメリカに持ち帰った。例えば前章で紹介したラウシェンブッシュは，ドイツに留学してドイツの自由主義神学を援用して社会福音の神学を構築した。

この自由主義神学は，キリスト教の旧来の信仰を絶対化せず，近代的な価値観を積極的に取り入れた。これにより聖書は，無謬の神の言葉として読まれるのではなく，一つの歴史的文献として歴史的・批判的に研究されるようになったのである。

ニューヨークのユニオン神学校とシカゴ大学神学部は，モダニズムと呼ばれた神学の牙城とされていた。当時神学校とは，牧歌的雰囲気あふれる田舎町にあるものであった。これに対してユニオン神学校とシカゴ大学は目まぐるしく発展する大都会の中心部に建設され，急激な社会変化の波をまともに受けながら神学研究を進めていったのである。

---

2)　したがって文学などで使う「モダニズム」とは異なる。

ユニオン神学校

　ニューヨークのユニオン神学校（Union Theological Seminary）は，1836 年にニューヨークの長老派により設立された。設立当初から長老派以外の学生も多く，自由な雰囲気の中で神学研究が営まれた。

　ユニオン神学校は 1876 年にチャールズ・A・ブリッグス（Charles A. Briggs, 1841-1913）を旧約聖書学の教員に迎えた[3]。彼はドイツで神学を学び，聖書の歴史的・批判的研究方法を携えてアメリカに帰国した。帰国後はしばらく長老派の牧師としても働いた。彼は，聖書の歴史的・批判的研究は数々の伝統的解釈を覆すだろうが，聖書が神の啓示であることを脅かすことはないと主張した。

現在のニューヨークのユニオン神学校（著者撮影）

　ブリッグスがユニオンでのキャリアを開始した頃，ファンダメンタリストの影響下にあった長老派大会は 1892 年，ブリッグスが聖書に誤謬があると教えているとして異端審査を行い，彼を牧師から

　3）　大宮有博「チャールズ・A・ブリッグスの異端審問とクライスト・セミネクス　アメリカ聖書学を決定づけた 2 つの事件」『外国語外国文化研究』18 号（2020）：165-176 頁。

免職した。また当時の長老派は自派の神学校の教員人事に対する拒否権を持っており，これを行使して彼を免職しようとした。しかしユニオン神学校の教員は，ユニオンを長老派から独立させ，コロンビア大学やニューヨーク大学との関係を強化することで高度な教育研究機関に発展させる決断をした。同校の財政は長老派との関係が解消されても，ジョン・D・ロックフェラーなどの富豪や財団からの寄付を受け，1970年代まで盤石であった。

　ブリッグスは聖公会の聖職となり，ユニオンで教え続けた。その後，聖書ヘブライ語を学ぶ者なら必携の『ヘブライ語・英語辞典』（*Brown-Driver-Briggs Hebrew and English Lexicon*，通称 BDB）の編纂に携わるなど，旧約聖書学に多大な貢献を果たした。

　また，この神学校で教会史を教えていたアーサー・クシュマン・マクギファート（Arthur Cushman McGiffert, 1861-1933）は，ドイツのハルナックのもとで神学を学び，1893年にユニオン神学校に迎えられた。1897年に出版した『使徒時代のキリスト教の歴史』（*A History of Christianity in the Apostolic Age*）は，歴史学や文献学といった学問的アプローチを教会史に導入したものである。彼は聖書に示されたイエスの生涯をキリスト者の生き方の模範として重視し，他方でパウロを批判した。彼の所属する長老派教会は1900年に，彼を異端審問にかけた。そのため彼は組合派に移籍した。

シカゴ大学神学部

　シカゴ大学（the University of Chicago）は1892年に，熱心なバプテスト派信徒の大富豪ジョン・D・ロックフェラーからアメリカン・バプテスト教育協会（the American Baptist Education Society）への多大な寄付をもとに創設された。この協会の目的は，アメリカ国内伝道協会と連携してバプテスト派の教育機関を支援することであ

った。シカゴ大学は，東部の有名大学に比肩する大学を西部――当時のシカゴは「西部」であった――に設立するというこの協会のプロジェクトにより設立された。

ロックフェラーチャペル（写真提供：前川裕氏）

シカゴ大学創立のためにロックフェラーから寄付を引き出し，その初代学長となったウィリアム・ハーパー（William Rainey Harper, 1856-1906）は，ヘブライ語学者であると同時にバプテスト派の牧師でもあった。彼の手腕とロックフェラーの資金により，シカゴ大学は「大学百貨店」になった。シカゴ大学は研究型大学であったが，同時に社会に開かれた大学を目指した。

シカゴ大学神学部（the Divinity School, the University of Chicago）は，北部バプテスト派の神学校を吸収して創設された。本来この神学部は，バプテスト派やディサイプル派の教職者養成を目的としたものであった。とは言えハーパー自身が史的・批判的研究の立場を取った学者であったことから，この神学部には設立当初からリベラルな雰囲気が漂っていた。またバプテスト派の信徒や教職者が多数を占めた大学の理事会も，教員人事に口出しすることはなかった。

例えば『モダニズムの信仰』（The Faith of Modernism, 1924）を執筆したシェラー・マシューズ（Shailer Mathews, 1863-1941）は，シカゴ大学神学部の看板教員の一人であった。彼の著作は当時よく読ま

れた。彼は伝統的なキリスト教の信仰を認めながらも，学問や社会の急速な変化に合わせた捉え直しが必要であると主張した。彼は後述する前千年王国説を徹底的に批判したという点で，モダニズムの旗手であった。

　ちなみにロックフェラーは，ロチェスター神学校やユニオン神学校，リベラルで鳴らしたニューヨークのリバーサイド教会などに多額の寄付をした。彼はハーパーの口車に乗せられてシカゴ大学にも多額の寄付をしたが，自分の名前が大学につくことも建物の名前になることも嫌がった。シカゴ大学のロックフェラー記念礼拝堂は，彼の死後に建てられたものである。

　ユニオン神学校やシカゴ大学神学部だけでなく，伝統校であったイェール大学やアンドーヴァー神学校も，この頃自由主義神学や社会福音の影響を受けていた。当時の主流教派の牧師の多くは，モダニズムの影響を受けた神学校で学び，知的エリートとなって教会に送られた。そのため主流教派の保守的な牧師は，いつか自分の教派が伝統的立場から離れ，モダニストに乗っ取られるのではないかという危機感を抱いた。また信徒たちはモダニストの牧師が語る難解なメッセージを理解できず，礼拝に出席しても何も得られないというフラストレーションを感じていた。

ホーリネスとペンテコステ

　ホーリネス，ペンテコステ，ファンダメンタリズムの運動に参加したのはどのような人たちだったのだろうか。彼らは主流教派の教会で語られるモダニストの牧師の難しい説教について行けず，教会の社会活動に参加することに気後れしていた人々であった。彼らは信仰を燃え上がらせてくれるような霊的な風潮が自分たちの教会に

は欠けていると感じていた。

　そこでホーリネスとペンテコステは，そうした主流派教会から離れて別の教派を形成した。それに対してファンダメンタリストは，それぞれの教派に留まって信仰を復興しようとした。現在のキリスト教を語る上で欠かすことのできないこれらの運動は，モダニズムと呼ばれた神学や社会福音に対する反動として急成長した。まずはホーリネスとペンテコステについて説明する。

ホーリネス

　ホーリネス（holiness）はメソジスト派の創始者ジョン・ウェスレーの「キリスト者の完全」の教理を改めて強調する運動であった。「きよめ」（holiness）の教理とは，回心したキリスト者は神の恵みのもとにさらに成長していくというものである。ウェスレアンは生活の中に祈りと聖書の学びの時間を持ったり，禁酒・禁煙したりするなど，生活上の「きよめ」を実践することによって，より完成されたキリスト者になろうとしているのである。しかしこの教理も，メソジスト派が中産階級の間に広がっていくにつれてあまり強調されなくなっていった。

フィービー・パーマー

　それでも 19 世紀前半のリバイバル活動において「きよめ」を強調する動きはいくつか見られた。フィービー・パーマー（Phoebe Palmer, 1807-74）はニューヨークに住むメソジスト派の信徒で，毎週信仰について語り合う小さな集会を開いていた。その集会で彼女は「完全な聖化」（entire sanctification）についての考えを簡潔に述べ，参加者と語り合った。そして 1837 年 7 月 26 日，パーマーは聖霊を受ける経験をした。彼女はその経験をキャンプ・ミーティン

フィービー・パーマー

グやリバイバル集会で語り，いくつものエッセーを雑誌に発表した。その後，医師の夫ウォルター（Walter Palmer）と共に巡回説教者としてアメリカ，カナダ，そしてイギリスにも渡り，キリスト者にとって「きよめ」がいかに重要かを語り歩いた。1843 年に出版された『きよめの道』（*The Way of Holiness*）は，ホーリネス運動の礎となる書として以後長く読まれた。

南北戦争前のリバイバルの遺産としてのホーリネス

　南北戦争以前にメソジスト監督教会から離脱したフリー・メソジストやウェスレアン・メソジストは，奴隷制廃止も「生活のきよめ」と結びつけていた。彼らはメソジスト監督教会が奴隷制問題について明確な態度を表明しなかったことに不満を持っていた。それと同時に「きよめ」を強調しなかったことに強く物足りなさを感じていた。またリバイバリストであるフィニーもメソジスト派ではないものの，回心した者が「きよめ」を追求することを勧めている。こうして見ると，「きよめ」を求めるホーリネス運動は南北戦争前のリバイバルの遺産とも言えるだろう。

キャンプ・ミーティング

　南北戦争後，ホーリネス運動はキャンプ・ミーティングによって全米各地に広まった。キャンプ・ミーティングは教派を超えてキリ

スト者が一箇所に集まり，きよめられた生活を送る良い機会になった。キャンプ・ミーティングに参加した人々は，日常生活に戻っても信仰と恵みによって刷新された生活を実践した。

1867年に全米ホーリネス・キャンプ・ミーティング協会（the National Camp Meeting Association for the Promotion of Christian Holiness）が結成され，地域ごとに下部組織が作られた。この協会によって，1880年代までホーリネスのキャンプ・ミーティングは全米各地で盛んに開催された。後にこの協会はクリスチャン・ホーリネス協会と改名し，アメリカのホーリネス運動の推進団体となるのである。

A・B・シンプソンの「四重の福音」

ホーリネスの教理は伝道者や教派によって微妙に異なるため，把握しづらいところがある。しかしA・B・シンプソン（Albert Benjamin Simpson, 1843-1919）が提唱した「四重の福音」（fourfold gospel）には，ホーリネスの教理を理解するための鍵がある。「四重の福音」とは「新生・聖化・神癒・再臨」を意味する。これは聖書の伝えるキリストとは，救い主，聖霊による洗礼者，癒し主，そして来るべきキリストであるという四つのキリスト理解に由来する。

この「四重の福音」の概略については以下のような説明ができる。「新生」とは，神の恵みによって回心した時に人が新しく生まれ変わることを言う。そして「新生」したキリスト者は，完全への道を歩むのである。「聖化」とはキリストにすべてを委ねるキリスト者が，聖霊によるバプテスマを受けてキリストのきよめに包み込まれることを言う。「神癒」とはキリストを信じ，キリストに従う者が，心と魂を健全な状態にされることである。シンプソンは奇跡的な癒しの行為を行ったが，ほとんどのホーリネスのグループは奇

跡的癒しを行うことに慎重である。また「再臨」とは，キリストが千年王国を建てるために再びこの世界に来臨するという教理である。この「再臨」の教理は，次の節で取り上げるファンダメンタリズムの「前千年王国説」と呼応している。

ホーリネス系教派の成立

19世紀の終わり頃になると，ホーリネス運動は独自の伝道活動や慈善活動を行うようになった。そして単立の教会が各地に形成されたのである。

1881年にホーリネス系の教派として，インディアナ州アンダーソンに本部を置く神の教会（the Church of God）がダニエル・ウォーナー（Daniel Sidney Warner）によって結成された。この教派は海外伝道にも早くから着手し，1908年には日本にも伝道師を派遣している。また1887年には，もともと長老派の牧師であったA・B・シンプソンらが中心になってアライアンス教団（the Christian and Missionary Alliance）が結成されている。この教団は「教派」というよりも，むしろ世界伝道を使命とした伝道団体として設立された。現在までに70か国で宣教を行い，日本伝道も1888年とかなり早い段階で開始している。

各地に設立された単立のホーリネス教会のうち，いくつかはゆるやかに合同を繰り返して現在のナザレン教団（the Church of the Nazarene）となった。この教派も1910年に日本伝道を開始している。

ペンテコステ

ホーリネス運動から生まれたのがペンテコステ運動である。「ペンテコステ」という名称は，使徒言行録2章1-4節に記されてい

る，使徒たちの上に聖霊が降りて，彼らが外国語を話し出したという「ペンテコステの日」の出来事に由来している。この運動は，キリスト者がきよめられるにあたって聖霊によるバプテスマが不可欠であり，そのバプテスマを受けた者は「異言」や「奇跡的治癒」を行うと主張している。

チャールズ・フォックス・パーハム

　1901 年 1 月，カンザス州トペカ市で白人伝道者チャールズ・フォックス・パーハム（Charles Fox Parham, 1873-1929）によって開かれたホーリネス運動のリバイバル集会で，参加者の一人の女性が中国語のような言葉を話し出した。習ってもいない外国語を彼女が話したこと——これを「異言」と言う——は，聖霊によるバプテスマを受けた目に見える証であると理解された。そしてそれから数日のうちに，主催者のパーハムを含めた多くの参加者が次々と外国語らしき言葉を話すようになったのである。この出来事を体験した人々は，伝道旅行に出かけてアメリカ各地でリバイバル集会を開いた。パーハムはこの旅行中に病人を癒すということまでして，この運動は有名になっていった。

　その後パーハムはカンザスやテキサスに小さな聖書学校を開き，自分の教えを多くの人々に伝えた。この学校では，回心して完全を目指すキリスト者は，聖霊と火のバプテスマを追い求めなければならないと教えられた。彼によれば，このバプテスマを受けたことの目に見えるしるしが「異言」なのであった。そして「聖霊の賜物」として「癒しの賜物」が強調されたのである。

ウィリアム・J・シーモアとアズサ・ストリート・リバイバル

　このパーハムの学校で学び，ロサンゼルスでリバイバルを起こ

したのがアフリカンアメリカンの説教者ウィリアム・J・シーモア
（William J. Seymour, 1870-1922）である。シーモアはテキサス州ヒ
ューストンにあるパーハムが開いた聖書学校で学んだ。その学校で
はアフリカンアメリカンが白人と同席することは許されなかった。
卒業後，彼はロサンゼルスにあるナザレン教会で働くはずであっ
た。しかし聖霊を受けた者がその賜物として異言を語るという教理
を，その教会は受け入れなかった。そのため彼は，独自に伝道活動
を行うことになったのである。

　1906年にシーモアは，ロサンゼルス市の工業地帯を走るアズ
サ・ストリートに空き家を見つけ，そこで集会を開いた。それから
3年間，毎日，朝から晩まで集会が開かれた。そのうちに集会の参
加者が異言を語るようになったり，病人が奇跡的に癒されたりとい
ったことが起こり，多くの人がこの集会を訪れるようになったので
ある。これは「アズサ・ストリート・リバイバル」と呼ばれ，ペン
テコステ運動の拡大にさらに拍車をかける出来事となった。

　このアズサ・ストリート・リバイバルの特徴は，ここにアフリカ
ンアメリカンのみならず，白人もヒスパニックもアジア人も一緒に
集まったというこ
とである。白人が
他の人種から分離
されねばならない
とする人種隔離政
策がまかり通って
いた時代であった
ため，この点でシ
ーモアによるリバ
イバルは白人のキ

「アズサ・ストリート・リバイバル」の起きた礼拝堂

リスト教指導者たちから批判された。

ペンテコステ運動とは？

ペンテコステ運動はアフリカンアメリカンや白人の低所得者層に急速に広がり，中産階級でも信徒を獲得するようになった。ここに集まって来たのは，社会的エリートが中心になっている主流派教会でぞんざいな扱いを受けてきた人々であった。彼らは静かな礼拝にも小難しい説教にも飽き飽きしていた。

またこの運動は，北部よりも南部で受け入れられた。ペンテコステ運動は主流教派やホーリネスと異なり社会改良運動などめったに行わなかったので，南部の人々に受けが良かった。

ペンテコステのリバイバル集会ではテンポの速い音楽が採り入れられ，参加者は歌ったり体を動かしたりして気分を高揚させた。ペンテコステ運動が特にアフリカンアメリカンに受け入れられたのは，このようなペンテコステの礼拝の形式が彼らの礼拝様式に似ていたからである。

リバイバル集会の高揚した雰囲気の中で，参加者は異言を語ったのである。異言とは，もともとは外国語のような言葉であったが，次第に意味不明な言葉も含まれるようになっていった。時折ペンテコステの集会では異なる人種の人々が一堂に会することもあったが，これは当時の社会では非常に珍しいことであった。

ペンテコステ系教派の誕生

ペンテコステ運動の地方集会やこの運動の定期刊行物のネットワーク，説教者や癒しの行為を行う人たちの集まりが，次第にまとまって教派を形成するようになった。アズサ・ストリート・リバイバルは，様々なエスニックグループが交流する集会であった。しかし

その集会から教派が生まれようとする時，ペンテコステ派はアフリカンアメリカン中心の教派と白人中心の教派に分かれた。

1897年，バプテスト派にしてウェスレーの「キリスト者の完全」の教理を説くアフリカンアメリカンの説教者チャールス・メイソン（Charles Mason, 1866-1961）は，チャーチ・オブ・ゴッド・イン・クライスト（the Church of God in Christ，以下COGIC）という教派をミシシッピ州に創設した。シーモアのアズサ・ストリートでの活動が始まると，メイソンは現地に赴き聖霊によるバプテスマを受けて，それを異言によって証明した。COGICはメイソンによってペンテコステ運動の流れを汲む教派となった。COGICはアフリカンアメリカンを中心に，全米で約550万人の信徒を擁する。

1914年には白人中心のペンテコステ運動の教派としてアッセンブリーズ・オブ・ゴッド教団（the Assemblies of God）が組織された。この教派はアメリカ国内でも，白人に加えてヒスパニックや韓国からの移民たちの間に広まった。また世界で急成長した教派で，中南米と韓国での急激な拡大は世界キリスト教史においても特筆すべき点である。現在，アメリカだけで約1万2千の教会，300万人近い信徒を擁する。世界には約7千万人の信徒がいると言われている（2018年の同派の報告）。

ペンテコステ運動では女性が指導的役割を果たすことが多かった。この点はホーリネスと似ている。例えばエイミー・センプル・マクファーソン（Aimee Semple McPherson, 1890-1944）は，第一次世界大戦後にアメリカを横断するリバイバル・ツアーを行ったり，早くからラジオを活用したりして多くの人々を引き寄せた。1927年に組織した国際フォースクエア福音教会（the International Church of the Foursquare Gospel）は，数十年後には20万人の信徒を抱える大教派にまで成長した。

ファンダメンタリストの誕生

ここで述べる19世紀末から1920年頃までのファンダメンタリストの運動は，現在のアメリカ社会で大きな影響力を持つ「福音派」(evangelical) に神学的土台を提供している。しかしこの時代，ファンダメンタリストは1980年代以降のように政治化はしておらず，伝統的なキリスト教信仰と前千年王国説を掲げた人々の総称に過ぎなかった。

前千年王国説

千年王国説とは，歴史の最後に来るべき千年の黄金期が地上にもたらされるとする考え方で，キリスト教の歴史上，かなり初期の段階から存在していた考え方である。ピューリタンも，この千年王国の実現を目指した運動の一つである。

千年王国説は，キリストがこの世界に再臨して千年王国を築くとする「前千年王国説」(Premillennialism) と，キリスト者の努力によって千年王国を築いた後にキリストが再臨するという「後千年王国説」(Postmillennialism) の二つに分類される。前千年王国説は，現実の社会に対して悲観的な見方をする。前千年王国説によれば，歴史の終わりに近づくほど人々のモラルは低下し，大きな戦争が起きる。人間は社会のモラルを改善しようと努力するが，それは実を結ばない。そして突如キリストがやって来て，千年王国を創造するのである。これに対して後千年王国説は楽観的な見方をする。この考え方によれば千年王国とは，人間の努力により文化的・社会的発展を達成してもたらされる黄金期なのである。

19世紀末まで，千年王国説と言えば後千年王国説のことを指し

ていた。例えばピューリタン，ジョナサン・エドワーズ，リバイバリストといった人々は，アメリカを千年王国の可能性として見立てている。また19世紀後半の社会福音も，社会改良による「神の国」を千年王国と重ねていた点では，後千年王国主義的な立場であったと言えるだろう。

　しかし19世紀から20世紀に移る頃，前千年王国説がアメリカ人に受け入れられるようになった。その背景には社会不安と伝統的価値観の危機があった。この時代には移民の増加と工業化によって都市人口が爆発的に増加し，人々の暮らしぶりは悪化する一方だったのである。そのため誰もが将来に対して不安を抱いていた。にもかかわらず，史的・批判的聖書学や自由主義神学を土台にした日曜日の教会での説教は，人々がそれまで信じてきたことを揺るがしこそすれ，不安を和らげるような慰めにはならなかったのである。このような時代を背景に，「キリストの再臨は近い」と説く前千年王国説の伝道家は人々の心をしっかりと摑んだ。

ジョン・ダービーとディスペンセーショナリズム

　19世紀にジョン・ダービー（John N. Darby, 1800-82）により提唱された「ディスペンセーショナリズム」（dispensationalism）は，アメリカで広まっていく前千年王国説の下地を作った。

　ディスペンセーショナリズムは，世界の歴史を以下の七つの時代区分（dispensations）に分割する。すなわち，（1）無垢の時代——エデンの園，（2）良心の時代——アダムからノア，（3）人間による統治の時代——ノアからアブラハム，（4）約束の時代——アブラハムからモーセ，（5）律法の時代——モーセからキリスト，（6）恵みの時代，あるいは「教会の時代」——使徒言行録の時代から最後の審判まで，そして（7）御国の時代——キリストの再臨をもっ

て始まる千年王国である（訳語は『新キリスト教辞典』いのちのことば社）。ダービーによれば我々は第6の時代の終わりに生きており，キリストはある日突然再臨し，そこから千年王国の時代が始まるのである。

　ダービーはアイルランド教会の牧師であったがその職を辞し，1830年にプリマス・ブレザレン（Plymouth Brethren）を教派として立ち上げた。その後，彼はヨーロッパ各地を伝道して回った。ダービーの信仰上の立場は，ディスペンセーショナリズム以外の点では素朴なカルヴァン主義であった。プリマス・ブレザレンという教派は，教派組織というよりもむしろ「信仰者の群れ」であった。彼らは牧師を任職する制度を持たず，日曜日の礼拝も形式にこだわらなかった。

　1862年から77年までの間にダービーは何度もアメリカやカナダへの伝道旅行を行い，ディスペンセーショナリズムを広めた。そのため彼のディスペンセーショナリズムという考え方自体は，19世紀末から1920年代にかけてのアメリカの保守的なプロテスタント層に影響を及ぼし，ファンダメンタリズムの形成に一役買ったのである。しかしプリマス・ブレザレンについては，ダービーが期待していたほどアメリカやカナダでは定着しなかった。

ナイアガラ信条

　1876年から97年までほぼ毎年の夏1，2週間程度の聖書会議（Bible Conference）がナイアガラ・フォールズのホテルで開催された。これはある千年王国説の雑誌の呼びかけで開かれたもので，聖書の学びと交流を目的とした超教派の集まりであった。会議の雰囲気は今の教会で言う修養会のようなもので，毎回100人を超える人々が集まった。また後述のスコフィールドらディスペンセーショ

ナリズムの神学者がこの会議にほぼ毎回出席した。

　この会議は 1878 年に『ナイアガラ信条』(the 1878 Niagara Bible Conference Creed) を公表した。この信条の大部分は，聖書の無謬性や伝統的な信仰の堅持を確認するものである。加えてこの信条にはディスペンセーショナリズムの影響も見られる。現在のディスペンセーションで世界が悔い改めることがないことや，キリストが千年王国をもたらすために再臨することがここに謳われている。

　こうして伝統的教理を堅持し，聖書を文字通り受け入れて再臨を待望する前千年王国主義者がキリスト教の歴史上に登場したのである。この会議から彼らのネットワークが生まれた。このネットワークは教派を超えたものであったが，彼らが既存の教派を離脱して新しい教派を作ることはなかった。

『スコフィールド注釈付聖書』

　このような前千年王国主義者の理論武装の助けとなったのが，『スコフィールド注釈付聖書』(*Scofield Reference Bible*, 1909) と『ファンダメンタルズ――真理についての証言』(*The Fundamentals: A Testimony to the Truth*, 1910-15) という 12 冊のパンフレットである。

　『スコフィールド注釈付聖書』は，ダラスの組合派教会の牧師であるサイラス・スコフィールド (Cyrus I. Scofield, 1843-1921) によって出版された。スコフィールドはムーディとも親交があった。この聖書はディスペンセーショナリズムに基づいた注釈が付けられたもので，丁寧な研究に基づいた参考図書というよりも，伝道師が現場で聖書を教える際にすぐに参照できるような携帯マニュアル本を意図して作成された。出版後の 10 年間に 200 万部近くも売れ，多くのファンダメンタリストがこの注釈に従って聖書を読んだのである。

『ファンダメンタルズ』

『ファンダメンタルズ』(*the Fundamentals*) というパンフレット
は，1910年から5年の間に12分冊で出版された。このパンフレ
ットはカリフォルニアの大富豪ライマン・スチュワート（Lyman
Stewart）らがスポンサーになり，シカゴのムーディ教会の牧師アム
ジ・ディクソン（Amzi C. Dixon）らが中心になって準備した。

　このパンフレットの企画には，ディスペンセーショナリストや保
守的なカルヴァン主義者，ホーリネス運動家といった，モダニズム
に反発するあらゆる立場の人々が含まれていた。そのため90本の
記事のほとんどは伝統的なキリスト教の信仰内容についてであり，
特殊な教理について述べたものはなかった。例えば聖書の無謬性，
十字架でのキリストの死が人間の罪の贖いであること，キリストの
再臨などが記事の内容であった。ちなみに，後にファンダメンタリ
スト対モダニストの争点となる進化論を扱った記事は2本しか含
まれていない。

　このパンフレットは各巻平均25万部発行され，3分の1はイギ
リスに送られたようである。伝統的な信仰を堅持し，聖書を文字通
り受け入れ，再臨を待望する前千年王国主義者のことを「ファンダ
メンタリスト」と呼ぶのは，このパンフレットが由来となっている
のである。

ファンダメンタリストのネットワーク

　1900年代から聖書学院（Bible Institute）や聖書大学（Bible
College）が全米各地に設立された。聖書学院はファンダメンタリス
トの指導者を養成する学校であったが，同時にパンフレットの発行
や聖書会議を主催するなど，ファンダメンタリストたちをつなげる
役割も果たしていた。そのうちいくつかの教会が，リベラル化する

所属教派の神学校の卒業生よりも，こうした聖書学院の卒業生を牧師として招聘するようになった。また聖書大学は，各地の大学がリベラル化していくのに対抗して，キリスト教の伝統的な信仰——これを彼らは「聖書信仰」と呼ぶ——に基づいた教養教育や職業教育を行った。この聖書大学もファンダメンタリストの裾野を広げるのに大いに貢献した。これらの聖書学院や聖書大学はどの教派にも属さず，ファンダメンタリストらの寄付によって運営されていた。

　1919 年夏に世界ファンダメンタリスト協会（the World's Christian Fundamentals Association）が結成された。これによりファンダメンタリスト間のつながりがさらに深まった。この時代のファンダメンタリストの特徴は，教派を超えたネットワークを持ちながら教派から離脱することなく，教派内部で伝統的な信仰を守るためにモダニストと論争を展開したことである。

ファンダメンタリスト・モダニスト論争

主流教派内部におけるファンダメンタリスト対モダニスト

　ファンダメンタリストは自身の所属する教派に留まり，モダニストのようなリベラルなキリスト者との論争を繰り広げた。特に論争が熾烈を極めたのは，北部の長老派とバプテスト派であった。

北部長老派での論争

　1890 年代になると，長老派の大会ではリベラルなユニオン神学校の教授たちが弾劾された。1899 年の大会では，聖書の無謬性，処女降誕，キリストの十字架が贖罪のためであること，キリストの復活は肉体の復活であって事実であること，そして聖書に書かれた

奇跡は事実であることを五つの基本原理とした。これは先の『ナイ
アガラ信条』にも登場するファンダメンタリストの基本原理と重な
る。

　長老派のオールドスクールは南北戦争前の時代，リバイバルに反
対して保守的なカルヴァン主義を堅持していた。プリンストン神学
校（Princeton Theological Seminary）は彼らの砦であった [4]。チャール
ズ・ホッジ（Charles Hodge, 1797-1878）は，保守的カルヴァン主義
の代名詞とも言えるこのプリンストン神学の代表的人物である。プ
リンストン神学は，1920 年代まで長老派の伝統をモダニズムから
もファンダメンタリストの掲げるディスペンセーショナリズムから
も守ろうとしていた。1920 年代になると長老派内部のファンダメ
ンタリストの勢いは衰え，同時にプリンストン神学校も穏健になっ
ていったのである。

　このプリンストン神学校の穏健化を「リベラル化」と見なして
反発したのが，新約聖書学教授のJ・グレシャム・メイチェン（J.
Gresham Machen, 1881-1937）である。彼は 1929 年にウェストミ
ンスター神学校（Westminster Theological Seminary）を設立して，よ
り正統的なカルヴァン主義神学の維持に努めた。1936 年には長老
派から離脱して，正統長老派教会（Orthodox Presbyterian Church）
を組織した。彼はその翌年，ノース・ダコタでの伝道旅行中に亡
くなった。メイチェンは『パウロ宗教の起源』（*The Origin of Paul's Religion*, 1921），『基督教と自由主義』（*Christianity and Liberalism*,

---

4)　そもそもプリンストン神学校は，長老派の牧師養成を第一の目的として
1812 年に創立された設立された。プリンストン大学の近くにあるが，大学に
は属していない。伝統的ウェストミンスター信条に忠実なオールドスクールの
神学校であった。

1923）といった多くの信仰書を出版し，その一部は日本語に翻訳されている。少し前の日本の神学生にとってメイチェンと言えば，『新約聖書ギリシャ語原典入門』の著者に他ならない。

北部バプテスト派での論争

北部バプテスト派は，リベラルな神学の牙城であるシカゴ大学神学部を牧師養成校の一つとしてきた。この大学を卒業した牧師たちは，自由主義神学や社会福音を北部バプテスト派の中心に据えた。これに反発したバプテスト派のファンダメンタリストは，1913年に北部バプテスト神学校（Northern Baptist Seminary）を設立して聖書信仰に基づいた神学教育の場を確保した。

1930年代にはファンダメンタリストと保守的なバプテスト派がバプテスト派の信条を定め，これにより北部バプテスト派の各個教会を一つにまとめようとした。しかしモダニストやリベラルなバプテスト派は，信条による統一はバプテスト派の各個教会主義に反するとして抵抗した。結局バプテスト派内のファンダメンタリストのグループが教派全体を掌握することはできず，この試みは失敗した。

1933年に50程度の保守的な教会が北部のバプテスト派から離脱し，正規バプテスト連盟（the General Association of Regular Baptists）として新しい教派を形成した。その15年後には，より保守的なグループにより保守バプテスト同盟（The Conservative Baptist Association of America）が結成された。

反進化論とスコープス裁判とその後

ファンダメンタリストの当初の目的は，自由主義神学や批判的聖書学から旧来の信仰を守ることであったが，1920年代になると学

校教育から進化論を排除することに力を入れるようになった。それまでファンダメンタリストは，教会の外のことにはあまり関心を持っていなかった。しかし彼らは教会の外で語られる進化論が，人々の心に聖書への疑いの芽を植えつけていることを危惧した。そこで公立学校で進化論を教えることを禁じる反進化論法（Antievolution Law）を各州で成立させようとしたのである。

　反進化論法成立を目指す動きの中で，ウィリアム・J・ブライアン（William Jennings Bryan, 1860-1925）がその指導者となった。彼は民主党の大統領候補であり，ウィルソン大統領の下で国務長官を務めた政治家であった。ブライアンはファンダメンタリストではなかったが，社会進化論の適者生存の原理が社会的強者の立場を正当化するものであるとして危機感を持っていた。そこで自分の政治的権力をフル活用して，各州での反進化論法の成立を目指したのである。

　1921年，ケンタッキー州で反進化論法制定の最初の動きが見られた。この法案は廃案になるが，その後ファンダメンタリストの圧力やブライアンの尽力によって，1927年までに南部を中心に13の州議会がこの法案を通している。

　この反進化論法の動きの中で最も象徴的な出来事がスコープス裁判である。1925年，テネシー州デイトンの高校の生物教師であったジョン・スコープス（John Scopes）が自分の高校で進化論を教えたとして，テネシー州で制定されたばかりの反進化論法違反で訴えられた。と言うより実際には，スコープスがテネシー州の反進化論法に反対するためにあえて被告となったのである。ブライアンはこの裁判の検事を務めた。裁判は同年7月に開かれ，およそ1週間で結審した。この裁判は全米の注目を集め，100人以上の報道関係者や傍聴者がこの田舎町に詰めかけた。集まった人があまりに多か

スコープス裁判の様子。左端で扇子を持つのがブライアン

ったため，審理は裁判所の建物ではなくそのそばにある木陰で行われた。

　裁判の山場は，ブライアン自身が証人として尋問された場面であった。この尋問でスコープス側の弁護人はブライアンの聖書知識に一貫性がないことを暴き，ファンダメンタリストの聖書理解があまりにも極端であるという印象を作り出すことに成功した。そのため裁判の判決ではスコープスは有罪（罰金刑）とされたが，ブライアンは真の勝者とは見られなかった。判決の 5 日後，彼は急死した。

　ファンダメンタリストにとって 1925 年は一つの曲がり角であった。進化論論争はこの裁判をきっかけに熱を失っていき，北部長老派や北部バプテスト派におけるファンダメンタリスト対モダニスト論争も 1926 年には収束に向かった。この原因の一つに，彼らの議論があまりに過激で周囲の人々がついて行けなかったことが挙げられる。また 1925 年からの 10 年間は「宗教不況の時代」であった。この頃から主流教派の教勢は衰えていった。しかし地方のファンダメンタリストは単立の聖書教会やバプテスト教会として再編され，これが先に述べたような聖書学院や雑誌，聖書会議などによるネットワークを形成していったのである。ファンダメンタリストの勢力が盛り返してくるのは 80 年代になってからのことである。

「福音派」と新正統主義神学

「福音派」の形成

　ファンダメンタリズムが一時的に下火になった 1930 年代から 40 年代にかけて，アメリカのキリスト教の中に「福音派」(evangelical) と呼ばれるセクターが形成されるようになった。これを構成していたのは聖書の史的・批判的研究やリベラルな神学には反感を覚えるが，かと言ってホーリネスやペンテコステといった新しい教派や過激なファンダメンタリストにはついて行けないという穏健な人々であった。福音派の多くの者は主流教派内に留まった。こうした人々に共通の特徴として，伝道と伝統的価値観を守ることに熱心であることが挙げられる。

　福音派の例として，穏健なファンダメンタリストやルター派，従来の信仰に保守的なカルヴァン派のグループなどが挙げられる。1942 年に組織された全米福音同盟（the National Association of Evangelicals）は，「福音派」のキリスト者がキリスト教の歴史に台頭してきたことを象徴するものである。

　しかし福音派の基本は伝統的な教理に基づいた素朴な信仰表現であったため，高等教育を受けたインテリ層がこれに物足りなさを感じたのは当然と言える。そこにドイツから入って来たのが，次に述べる新正統主義神学なのである。

新正統主義神学

　1930 年代にモダニズムに対抗するもう一つの新しい神学の潮流が生まれた。それが「新正統主義神学」(neo-orthodoxy) である。これは第一次世界大戦という未曾有の事態を経たドイツで，楽観的な

人間観を前提にした自由主義神学が行き詰まりを見せた際に，これに対抗して生まれたものである。その旗手はスイスのカール・バルト（Karl Barth, 1886-1968）であった。バルトは聖書に啓示されている伝統的教理——例えば神が絶対的に超越した存在であること，人間は罪ゆえに自分自身では救いに至ることができないこと，人間にはキリストによる救い以外にないこと——を再び強調した。

1930年代に大恐慌を経験したアメリカでも，楽観的な人間観に基づいたモダニズムは行き詰まっていた。その頃アメリカのキリスト者は，次々と英訳されるバルトやエミール・ブルンナー（Emil Brunner, 1889-1966）の本に触れて衝撃を受けたのである。

アメリカの新正統主義の旗手は，ラインホールド・ニーバー（Reinhold Niebuhr, 1892-1971）とH・リチャード・ニーバー（H. Richard Niebuhr, 1894-1962）兄弟である。兄ラインホールドはデトロイトで牧師をした後，1928年からニューヨークのユニオン神学校の教員となった。彼は「キリスト教現実主義」に基づいて独自の社会倫理を構築した。また，人間の原罪とキリストの恵みを再び強調し，楽観的なリベラル神学を批判した。彼の著書はどれも重要であるが，あえて代表的な著書を挙げるなら『道徳的人間と非道徳的社会』（*Moral Man and Immoral Society: A Study in Ethics and Politics*, 1932），『人間の本性と運命』（*The Nature and Destiny of Man: A Christian Interpretation*, 1941）がある。

弟リチャードは1931年からイェール大学の教員となった。教会が真に教会であろうとするならば文化と対抗しなければならないと彼は主張した。彼もまた多くの重要な神学書を残しているが，代表的なものに『啓示の意味』（*The Meaning of Revelation*, 1941）や『キリストと文化』（*Christ and Culture*, 1951）がある。

1934年，ドイツから国外退去を命じられたパウル・ティリッヒ

（Paul Tillich, 1886-1965）が，ニ
ューヨークのユニオン神学校の教員
に迎えられた。彼の神学の手法で
ある「相関の方法」は，アメリカ
の新正統主義神学の中に取り込ま
れていった。

　新正統主義神学は，リベラルな
プロテスタントに強い印象を与え
た。この神学は 1960 年代中頃ま
でプロテスタント神学の主流であ
った。そして今日でも各神学校で
丁寧に扱われている神学である。

ラインホールド・ニーバー

【課題】
- ユニオン神学校とプリンストン神学校はいずれも長老派の教職養
成学校として始まり，別々の道を歩んだ。それぞれの神学校の沿
革をホームページや本で調べ，奴隷制や人種差別，戦争にどう応
答したのか比較してみよう。
- 様々な教派で起きたファンダメンタリスト・モダニズム論争の論
点を整理し，この論争が今もキリスト教の中に続いているか考え
てみよう。
- ドワイト・ムーディはこの時代のアメリカ・キリスト教史におい
て最も重要な人物である。どのような人物か調べてみよう。

【より深く学ぶために】
青木保憲『アメリカ福音派の歴史』明石書店，2012 年。
森孝一「アメリカにおけるファンダメンタリズムの歴史」『基督

教研究』第 46 巻 2 号（1985 年），40-92 頁。

Marsden, George M. "Fundamentalism." In *Encyclopedia of the American Religious Experience.* ed. Lippy, Chalres H., and Peter W. Williams, 947-962. New York: Scribner's, 1988.

Burgess, Stanley M., ed. *Encyclopedia of Pentecostal and Charismatic Christianity.* New York: Routledge, 2006.

第9章
二つの世界大戦から冷戦へ

第一次世界大戦前の平和運動

20世紀は二度の世界大戦と核軍備競争の冷戦を経験した「戦争の世紀」であった。この時代のアメリカの教会には平和運動と戦争協力という矛盾したものが共存していた。

アメリカの平和運動のルーツは，メノナイト派やクエーカー派といった平和教会（the peace churches）にある。彼らは自己防衛のためであっても武器を取らない。なぜなら彼らによれば，キリスト者の使命は敵を愛し平和を実現することだからである。このような立場を絶対平和主義（absolute pacifism）という。こうした平和教会はフレンチ・インディアン戦争や独立戦争の際にも武器を取らなかったし，一貫して兵役も拒否している。

19世紀のプロテスタント主流教派の教会指導者の中にも，戦争はキリスト教文明の目指す理想と相容れないと考える者がいた。こうした国家間の戦争に反対する平和主義者たちによって，1828年，アメリカ平和協会（the American Peace Society）が設立された。

この協会の他にも平和への取り組みは行われていた。例えば禁酒運動を推進した女性キリスト教禁酒同盟（WCTU）のフランシス・ウィラードは，WCTUの活動に平和運動も盛り込もうとした。また全米キリスト教協議会（FCC）も専門委員会の一つとして「平和

と調停委員会」（the Commission on Peace and Arbitration）を設置して
いる。

第一次世界大戦での戦争協力

　1914年に第一次世界大戦が始まると，平和運動をめぐる情勢は
一変する。開戦当初，世論の大半はアメリカの参戦に反対した。し
かし1917年にドイツが無制限潜水艦作戦を開始すると，参戦やむ
なしの声が高まった。その世論に押されて同年4月，アメリカは
ドイツに宣戦布告した。

　アメリカが参戦すると，歴史的に平和教会であったクエーカー派
やメノナイト派の信徒を除いて，ほとんどのキリスト者は参戦派に
転じた。教会や伝道集会の説教は，反ドイツ・戦争プロパガンダ
であった。ビリー・サンデーは「地獄をひっくり返したら，底に
『ドイツ製』と書いてある」と言った。牧師たちは説教でドイツを
「泥棒，人殺し，教会の略奪者」と罵り，アメリカの参戦は「聖戦」
（holy war, a great glorious crusade）であると主張した。

　教会はこぞって戦争債（Liberty Loan）を代理販売した。またプロ
テスタントの諸教派とカトリック教会は従軍チャプレンを派遣し
た。聖書協会は小さいサイズの聖書を発行し，兵士に配布した。ま
たYMCAも酒保（軍事施設内に設けられた売店）の運営などの協力
を行った。

　全米キリスト教協議会（FCC）は，1908年の設立以来，社会福
音運動や平和運動に取り組んできた。FCCは1911年に開かれた
万国平和会議で謳われた国際法と国際機関の「仲裁」による戦争
回避に期待を寄せ，平和と調停委員会（the Commission on Peace and
Arbitration）を設けた。しかしアメリカ参戦に世論が傾くと，教会

の戦争協力を促進す
るための戦時委員会
（the General Wartime
Commission）を組織
した。FCC にとっ
てアメリカの参戦は
正義のためなのだか
ら教会の戦争協力は
当然のことであり，
それまでの平和運動

YMCA ポスター[1]

と矛盾するものではなかった。そして当時の多くのキリスト者にとっても，参戦はアメリカの自由と民主主義の理想を広めるためのものであり，戦争協力は禁酒運動や社会改良運動，世界宣教と同じ類のものだったのである。

　ただしアメリカのキリスト教全体が戦時色一色だったわけではない。平和教会の若者たちは兵役を拒んだ。この頃から「良心的兵役拒否」（conscientious objection）の存在が認知されるようになり，良心的兵役拒否者は医療や人道支援などの役割を担った。

　この戦争で吹き荒れた反ドイツ・戦争プロパガンダは，1000万人近いドイツ，オーストリア，ハンガリーからの新移民を直撃した。彼らの多くはルター派かローマ・カトリックであった。

　1）　東京大学大学院情報学環所蔵。同附属社会情報研究資料センター「Digital Cultural Heritage」には「第一次世界大戦期プロパガンダポスターコレクション」がある。この中には YMCA や教会による戦争協力（とりわけ戦争債購入の推奨）のポスターが多く含まれている。これらの資料はもともと，外務省情報部が総力戦体制に向けた準備として収集したものである。

第一次世界大戦では毒ガスや空爆により多くの人が亡くなった。また総力戦であったため，戦後のヨーロッパの経済は混乱した。1919 年にヴェルサイユ講和条約が結ばれ，その翌年に国際連盟が創設されると，平和主義の風潮が盛り返した。そして 1920 年代に入ると，主流教派は戦争を「社会的罪」であるとする見解を示した。

ウッドロー・ウィルソンの信仰

第一次世界大戦期の大統領ウッドロー・ウィルソン（Thomas Woodrow Wilson, 1856-1924）は，南北戦争後世代の熱心な長老派信徒であった。ウィルソンはカルヴァン主義の契約神学を通して世界を捉え，アメリカのすべきことを決定する大統領だった[2]。彼はヨーロッパで第一次世界大戦が始まる前後，アメリカは中立を保ち，交戦国の仲裁に入り，戦後の国際秩序の樹立において主導権を握るべきであると考えていた。なぜなら神はアメリカに，自由への道を世界に示す気高い使命を与えたからである[3]。

しかしドイツに宣戦布告するや一転して，アメリカは究極的な世界平和と，諸国民の解放と自決権のために，自由の敵ドイツと闘うと彼は宣言した。また大戦後，「アメリカはその天命を完成し世界を救うための無限の特権を得ている」と述べ，万国の契約による恒久平和を目指して，国際連盟の設立を提案した[4]。しかしアメリカ

---

2) Andrew Preston, *Sword of the Spirit, Shield of Faith: Religion in American War and Diplomacy* (New York: Anchor Books, 2012), 280-284.

3) 大統領選（1912 年）での演説の引用：Preston, *Sword of the Spirit*, 280.

4) 引用：Ernest Lee Tuveson, *Redeemer Nation: the Idea of America's Millennial Role* (Chicago: University of Chicago Press, 1968), 212.

は国際連盟に加盟しなかった。このような彼の外交は「宣教師外交」と呼ばれた。

　ところでウィルソンは，大統領になる前の1902年から1910年まで，プリンストン大学の総長を務めた。彼は在任中，アフリカンアメリカンの入学を認めなかった。2020年に，このことが問題視され，彼の名が冠された公共政策・国際関係学部や寮は改称された。

第一次大戦後の平和運動

　1920年代から30年代にかけて，キリスト教平和運動が次々と発足した。これは教派を超えた信徒の連帯により形成された。

　教会平和同盟（the Church Peace Union）は第一次世界大戦勃発直前の1914年に発足した。プロテスタント，カトリック，ユダヤ教の指導者たちが発起人となり，アンドリュー・カーネギーが資金を提供した。カーネギーは考えた──文明国では個人は争いごとを暴力ではなく法廷で解決する。文明が進めば国際紛争も同じように，戦争ではなく国際的な仲裁機関によって解決できるようになるのではないか。このように考えたカーネギーは，1907年に万国平和会議で設置された国際仲裁裁判所のために，オランダのハーグに「平和宮」を寄贈している。教会平和同盟は第一次世界大戦中にはほとんど活動しなかったが，大戦終結後すぐに運動を再開，拡大した。

　この教会平和同盟と関係が深い友和会（the Fellowship of Reconciliation）は，クエーカーや長老派の教職と信徒によって第一次世界大戦勃発直前の1914年にイギリスで発足した世界組織である。アメリカの友和会は1915年に結成され，1930年代には1万2千人ほどがこの会に所属した。この友和会はクエーカーの絶対平和主義の

原理に基づいている。彼らはこう考えた。人間は皆キリストの光を内包している（inner light）。だから互いに相手の中にある神の光に語りかければ，戦争という罪をなくすことができる，と。1926年に日本でも日本友和会が組織された。また世界的な組織として国際友和会が現在も活動を続けている。

全米キリスト教協議会（FCC）は第一次世界大戦下での戦争協力に対する自己批判やヴェルサイユ体制への失望から，再び平和主義の風潮を強めた。このFCCの平和運動を推進したのがジョン・フォスター・ダレス（John Foster Dulles, 1888-1959）である。FCCはダレスのもとで正義と恒久平和に関する基礎研究を行い，1941年に『指導原理』（the Statement of Guiding Principle）を公表した。これは恒久平和には政治的安定と経済的安定が不可欠であり，その実現のための国際機関が必要であると訴えるものであった。

この研究を行ったダレスは長老派の牧師の家庭に育ち，青年時代にはキリスト教の活動に熱心であった。後にアイゼンハワー大統領により国務長官に任ぜられ，ソ連に対する「巻き返し政策」を展開する。強い原爆反対派であり，同時に強烈な反共産主義者であった。日米安保条約の草案を作成するなど，戦後の日本外交史にも影響を及ぼした。彼は「ダレスバッグ」（これは日本だけの呼び方！）の由来になった人物でもある。

全体主義の時代とニーバー論争

このように1920-30年代，アメリカでは楽観的平和主義の風潮が広がっていた。しかし世界では1922年にイタリアでファシスト党が一党独裁体制を確立し，31年に日本の関東軍が中国東北部で軍事行動を展開し，33年にはナチスが政権を獲得し，時代は新た

な世界戦争へと向かっていた。

　1932年春，新正統主義神学の旗手ラインホールド・ニーバー（兄）とリチャード・ニーバー（弟）は『クリスチャン・センチュリー』誌上で，日本が中国東北部に侵攻したことで，アメリカの日本に対する経済制裁をクリスチャンが支持すべきか否かをめぐって有名な論争を展開した。

　まずリチャードが「何もしないことの恵み」（"The Grace of Doing Nothing," *Christian Century* [March 23, 1932]）という論文を『クリスチャン・センチュリー』に掲載したことで論戦の火ぶたが切られた。この論文の中でリチャードは，日本の中国侵略という危機にあってキリスト者が取るべき行動は「何もしないこと」（inactivity）であると主張した。この「何もしないこと」とは，神が今ここで働いておられることへの信頼に基づいている。すなわちキリスト者に必要なことは，神に代わって何かをすることではなく，歴史の中に働きたもう神の摂理にすべてを委ねることである。またこの「何もしないこと」とは，悔い改めることでもある。すなわち日本はアメリカの膨張主義をまねて中国侵略をしているのだから，アメリカがするべきは反省と，将来の和解に備えることだ。

　この弟の主張に対してラインホールドは，「何もするべきではないのか？」（"Must We Do Nothing?" *Christian Century* [March 30, 1932]）と題した論文を同誌に掲載した。この論文でラインホールドは，リチャードの言うアメリカの偽善性を認めつつも，リチャードの「何もしないことの恵み」は宗教的静寂主義だと舌鋒鋭く反論した。ライホールドは，リチャードがこのような危機に世界が直面している時に「何もしないことが恵み」と言うのはイエスの愛の倫理に文字通りに従おうとしたからであり，独裁者がいつか悔い改めることなどありえなくとも，宗教的終末論で片付けようとしてしま

っていると指摘した。

　ラインホールドに言わせれば，人間は不完全な器である。しかし神はその不完全な器を通して歴史に働きかける。したがってアメリカのキリスト者は，アメリカがいつも完全に正しい国ではないことを認めつつも，日本に対する経済制裁は果たさなければならない責任と捉えるべきだと彼は主張した。

第二次世界大戦での戦争協力

　1939年にドイツがポーランドに侵攻すると，それまで絶対平和主義を唱えていた教会指導者たちの中には意見を表明しなくなったり，意見を変える者もいたりした。ラインホールド・ニーバーは，私たちは罪深い堕落した人間であったとしても，「複雑かつ悲劇的な世界で少しでも正義を達成するために道徳的責任を行使しなければならない」と主張した[5]。そしてこの主張は，アメリカのキリスト教界で広く受け入れられた。

　1941年12月に日本が真珠湾を攻撃すると，アメリカは第二次世界大戦に参戦した。再び，キリスト教やユダヤ教は従軍チャプレンの派遣などの戦争協力を行った。

　メノナイト，クエーカー，セブンスデー・アドベンチストなどの若者は，良心的兵役拒否者（COステータス）の登録を行い，衛生兵などの非武装の仕事に就くか，その他のボランティア活動に参加した。こうして第一次大戦後に盛り返した平和主義の熱はすっかり冷めてしまった。

　真珠湾攻撃を行った日本に対する憎悪が高まる中で，政府は日系

5）　Reinhold Niebuhr, "Is Naturality Immoral?" 1941.

人を強制的に収容所に移した。この強制収容の問題について，個人
が反対意見を表明することはあったが，教会の公的な反対意見はな
かった。

広島・長崎に対するキリスト教の反応

　1945 年 8 月 6 日，アメリカは広島に原子爆弾を投下した。全米
キリスト教協議会（FCC）の反応は早かった。翌 7 日には議長ブ
ロムリー・オクナムおよび FCC 正義と恒久平和委員会委員長ジョ
ン・フォスター・ダレスはホワイトハウスに，日本に対して再度原
爆を使用しないよう請願する電報を打った。

　しかし 9 日，アメリカは 2 発目の原爆を長崎に投下した。FCC
は総幹事サミュエル・コヴァートの名前で，ホワイトハウスにこれ
以上原爆を使用しないよう求める電報を打った [6]。これに対してト
ルーマン大統領はこう返信した。「……私は日本人が真珠湾を奇襲
し，さらに米国人捕虜を虐待してきたことに強い憤りを覚えてい
る。そもそも日本人に言葉が理解できるのは，自分が攻撃されたと
きだけだ。けだものは，けだものらしく扱わねばならない。残念だ
がそれが事実だ」[7]。このトルーマンの返信から，原爆投下の背景に
人種差別があったことがうかがえる。

　FCC は 1946 年 3 月，「核戦争とキリスト教信仰」と題する報
告書を公表した。この報告書は委員長のロバート・L・カルフーン

　6）　http://www.nuclearfiles.org/menu/library/correspondence/cavert-samuel/
corr_cavert_1945-08-09.htm

　7）　https://www.trumanlibrary.gov/library/research-files/correspondence-be-
tween-harry-s-truman-and-samuel-cavert　訳は栗林輝夫『原子爆弾とキリスト
教』日本キリスト教団出版局，2008 年，18 頁。

（イェール大学歴史神学教授）の名前を取って『カルフーン報告』とも呼ばれる。委員会にはカルフーンの他にもニーバー兄弟，ユニオン神学校のジョン・C・ベネットとヘンリー・ヴァン・デューセンらが加わっている。報告書は広島と長崎への警告なしの原爆投下について日本に謝罪し，アメリカ国民に悔い改めを求めるものであった。

ドロシー・デイ

　ここまで見てきたように，主流教派の戦争に対する姿勢には状況によってぶれが生じた。ここで平和主義の観点から第二次世界大戦からベトナム戦争まで，ぶれることなく一貫して反戦主義を貫いたカトリックの活動家ドロシー・デイを紹介する。

ドロシー・デイ

　ドロシー・デイ（Dorothy Day, 1897-1980）は若い頃，ラディカルな共産主義の立場から女性参政権運動や労働運動に携わっていた。彼女は 1928 年のクリスマスにカトリック教会で洗礼を受けた。1933 年，彼女はニューヨークでピーター・モリン（Peter Maurin, 1877-1949）とともにカトリック労働者運動（the Catholic Worker Movement）を始めた。この運動の主な内容は，機関誌『カトリックワーカー』（the Catholic Worker）の発行

と，貧しい労働者やホームレスに食事や衣服を提供し，時には一時
宿泊施設にもなった「もてなしの家」(the House of Hospitality) の運
営であった。

　デイはアメリカが第二次世界大戦に参戦することに反対し，戦争
には一切協力しないと宣言した。そのため『カトリックワーカー』
の発行部数は落ち込み，カトリック労働者運動も一気に下火となっ
た。それでも彼女の絶対平和主義の姿勢はぶれなかった。後に彼女
はベトナム戦争にも反対した。

　有名な修道士トマス・マートン (Thomas Merton, 1915-1968) は，
愛と正義を結びつけた人としてデイを高く評価し，『カトリックワ
ーカー』に何度も寄稿した。

第二次世界大戦後のリバイバル

　第二次世界大戦終結後の冷戦時代，アメリカに再びリバイバル
の波がやって来た。この波はデタントの頃（1970年代中頃）まで
続いた。この約20年間は，キリスト教全体が穏健な新福音派（後
述）に牽引されて急成長した時代である。アメリカの人口の3分の
2は月に一度は教会に出席し，さらに人口の42％は毎週出席して
いたという。1957年の国勢調査によると，アメリカの成人人口約
1億2千万人のうち約7千万人がプロテスタント，約3千万人がロ
ーマ・カトリック，そして400万人近くがユダヤ教に属していた。

チャールズ・フラーとフラー神学校
　チャールズ・E・フラー (Charles E. Fuller, 1887-1968) は1930年
代から40年代にかけて，「オールド・ファッションド・リバイバ
ル・アワー」(the Old Fashioned Revival Hour) というラジオ番組を

カリフォルニアから全米に向けて放送した。「オールドファッショ
ンド」とは,「古めかしいがどこか懐かしいもの」という意味であ
る。要するにこの番組の趣向は,古くから繰り返し語られてきた素
朴なキリスト教のメッセージを,誰もがわかる平易な言葉で語りか
けるというものであった。フラーはファンダメンタリストではあっ
たが,極めて穏健派であった。彼のメッセージはあくまで福音に焦
点を置いたもので,政治的ではなかった。そしてリベラルな神学や
進化論に対する攻撃をテーマにしたこともなかった。そのため誰も
が彼の番組を心地良く聞くことができた。

　ラジオは大衆伝道家によって1930年代から50年代まで積極的
に利用された。フラー以外にもラジオから多くの大衆伝道家が誕生
している。しかしテレビが登場すると,伝道媒体の主力はこちらに
移った。

　1947年,フラーはこの番組での成功を元手に,福音派の牧師ハ
ロルド・オッケンガ(Harold Ockenga, 1905-1985)とともにフラー
神学校(Fuller Theological Seminary)をカリフォルニアに建設した。
フラー神学校の創設者たちはファンダメンタリストとリベラル派の
対立から距離を置き,神学や聖書学の専門知識を軽視したり,社会
問題に無関心であったりするファンダメンタリストによくある傾
向から脱却したいと考えた。初期の教授陣の間では聖書の無謬性
などをめぐって激しい論争があったが,現在では幅広い神学的立
場の教授たちが集まっている。21世紀に入ってからは移民やレイ
シズムについて,フラー神学校はオープンな立場を取っている。
LGBTQ+についての議論を遮ることはないが,(この本の執筆の時
点では)保守的な態度を崩していない。この神学校の立場は「進歩
的福音派」と呼ばれる。

ビリー・グラハムと新福音派

ビリー・グラハム（William［Billy］Graham, 1918-2018）は世界で最も有名な伝道者であった。彼はもともと南部バプテスト連盟の牧師として按手を受け，イリノイ州の教会で牧師をしていた。この時に彼はラジオ伝道を始めた。1947 年にロサンゼルスでの伝道集会が成功し，伝道者として一躍有名になった。1950 年にはビリー・グラハム伝道協会（the Billy Graham Evangelistic Association）を設立した。

グラハムは新聞，雑誌，ラジオ，テレビといったマスメディアを活用して，スタジアムや公園といった大型施設に何千人もの人を集めたリバイバル集会を全米各地で開いた。彼の集会は地元のファンダメンタリストや保守的な教会が共催した。

1957 年にニューヨークのマディソン・スクエア・ガーデンで 16 週間にわたってリバイバル集会を開いた時には，主流教派の教会も共催に加わった。それだけ彼のメッセージは広くキリスト者の心をつかんだのである。

彼のメッセージは「イエスを，人間の罪の身代わりとして死なれ，よみがえられた救い主として受け入れ，新生（ボーン・アゲイン）しなさい」というシンプルなものであった。彼は伝道集会の中で，社会や政治についてはあまり言及しなかった。新生を果たす人が増えれば，社会もおのずと良くなると考えていたからである。

とは言うものの，ビリー・グラハムは政治の世界で常に大きな影響力を持っていた。アイゼンハワーが大統領だった

ビリー・グラハム

頃，グラハムは個人や目に見える物だけを重視する共産主義的な考え方がアメリカ社会に広まっていくことを警戒し，家族や社会を大切にするアメリカの伝統的な道徳の復権を訴えた。彼のこの考え方は，アイゼンハワー大統領の提唱した対共産圏強硬政策である『巻き返し政策』と合致した。

それ以来グラハムは歴代の大統領からホワイトハウスに招かれ，大統領のために祈り，助言するようになった。アイゼンハワーやジョンソン，ニクソンといった大統領は，しばしば彼に助言を求めた。例えばニクソンは，大統領選挙出馬にあたってグラハムに助言を求めた。また1968年12月に大統領に選出されたばかりのニクソンの要請で彼はベトナムに飛び，米兵のためのリバイバル集会を行った。他にも1990年にジョージ・H・W・ブッシュが湾岸戦争を始める際には，グラハムがホワイトハウスに呼ばれ，大統領の決断のために祈りを捧げた。その息子ジョージ・W・ブッシュが酒浸りになっていたのを回心させたのもグラハムであった。

ビリー・グラハムはアメリカのキリスト者を動かすことができる人物であり，どの大統領も彼の意見には耳を貸した。そして大統領選挙のたびにキリスト者は，グラハムが誰を支持するかに注目した。

団塊世代の日本のキリスト者の間でもグラハムの人気は高い。彼が初めて日本にやって来たのは1956年である。会場の両国・日本大学講堂には人が入り切らなかった。1967年のビリー・グラハム国際大会でも，日本武道館と後楽園球場は人で溢れた。この国際大会の成功が一つのきっかけとなって，翌年，日本の福音派諸派による日本福音同盟が結成された。

グラハムはファンダメンタリストからリベラルな主流教派まで，かなり広範なプロテスタントを巻き込んでアメリカ人の信仰心の回

復に努めた。またローマ・カトリックとの対話の道をも開いた。

　ビリー・グラハムやチャールズ・フラーのように，伝統的なキリスト教の信仰や道徳を大切にしながらも，どの立場のキリスト者にもオープンな態度を取る福音派を「新福音派」（neo-evangelical）と呼ぶ。あるいは1920年代以降ファンダメンタリストと袂を分かった穏健な「福音派」（evangelical）と重なることから，この「新福音派」を単に「福音派」と呼ぶこともできる。

　新福音派とは，リベラルな立場のキリスト者とファンダメンタリストの議論には関わることなく素朴な信仰を大切にしたいと考える人々を指す言葉である。80年代になると新福音派と呼ばれる人々もファンダメンタリストに取り込まれ，大きく右に急旋回した。それでもファンダメンタリストが政治的なのに対して，新福音派と呼ばれる人々はあくまでキリスト教の伝道に集中する。なお，この新福音派の代表的な存在は，1942年に設立された全米福音同盟（the National Association of Evangelicals, 以下NAE），1956年に創刊された雑誌『クリスチャニティ・トゥデー』（*Christianity Today*），そして先に述べたフラー神学校である。

ファンダメンタリストとペンテコステ

　リベラルなキリスト教に対して攻撃の手を緩めないジョン・ライス（John Rice, 1895-1980）やボブ・ジョーンズ（Bob Jones, Sr., 1883-1968）といったファンダメンタリストの大衆伝道家にとって，グラハムに代表されるような新福音派の立場は生ぬるいものに思えた。この2人は当初全米福音同盟に参加していたが，1950年代後半になると新福音派と一線を画すようになった。だが，ファンダメンタリストは1980年代まで，過激な少数派に過ぎなかった。

　また福音派が勢力を拡大した1950年代から60年代は，ペンテ

コステ派が急成長した時代でもある。癒しを行う伝道者が数多く登場し，各地で大規模な伝道集会を開いた。オーラル・ロバーツ（Oral Roberts, 1918-2009）はその一人である。彼は10代の頃に結核が奇跡的に治るという経験をし，第二次世界大戦が終わると癒しの伝道者として注目されるようになった。より多く捧げる者はより多く受けるとする「信仰の種まき」（seed-faith）の原理を語り，癒しの力があるとする「祈りの布」や「聖油」を配った。後に彼はオーラル・ロバーツ大学や病院を設立した。

　1980年代になるとファンダメンタリストもペンテコステもテレビを利用して爆発的に拡大し，福音派を巻き込んで政治的影響力を持つようになった。これについては11章で扱う。

【課題】
• 平和主義をめぐるニーバー兄弟の議論について調べ，リチャードの立場とラインホールドの立場に分かれて議論してみよう。
•「福音派」は大統領選のたびにニュース番組で取り上げられるが，実際にその言葉が何を指しているのかについては誤解が多い。福音派に関する文献を調べ，どう定義すべきか考えてみよう。

【より深く学ぶために】
栗林輝夫『原子爆弾とキリスト教——広島・長崎は「しょうがない」か？』日本キリスト教団出版局，2008年。
チャールズ・C・ブラウン著，高橋義文訳『ニーバーとその時代——ラインホールド・ニーバーの預言者的役割とその遺産』聖学院大学出版会，2004年。
相川裕亮『ビリー・グラハムと「神の下の国家」アメリカ　福音伝道者の政治性』新教出版社, 2022年。

第10章
変革の時代

教派合同の動き

　第二次世界大戦後，主流教派は教派間の対話に基づく一致と協力を行う「エキュメニカル運動」を積極的に推し進めた。1948 年に世界教会協議会（the World Council of the Churches, 以下 WCC）が，そして 1950 年に全米キリスト教協議会（FCC）が発展してアメリカ教会協議会（the National Council of the Churches）が設立されたことは，このエキュメニカル運動の時代の幕開けを象徴している。ここでは 1910 年頃から始まり 80 年代までかかった 3 つの教派──メソジスト派，長老派，合同キリスト教会──の合同のプロセスを取り上げる。

メソジスト派

　1916 年から北部メソジスト（Methodist Episcopal Church），南部メソジスト（Methodist Episcopal Church, South），そしてメソジスト・プロテスタント教会（Methodist Protestant Church）の間で合同に向けた話し合いが行われた。ここで特に問題となったのは監督制のあり方であった。と言うのもメソジスト・プロテスタント教会にとって，監督制こそが分離の原因となったからである。

　この話し合いにはアフリカンアメリカン系のメソジスト教会が加

わったこともあった。しかしアフリカンアメリカンの教区を分立するという提案が上がったため，彼らは話し合いの席を立った。

　1939年に北部，南部，メソジスト・プロテスタント教会の三派は合同してメソジスト教会（Methodist Church）を組織した。この合同によってメソジスト教会は770万人の信徒を擁する教派となった。

　さらに1968年にメソジスト教会は，ドイツ系の「きよめ」（holiness）の教理と監督制を持つ福音合同兄弟団（the Evangelical United Brethren Church）と合同して合同メソジスト教会（the United Methodist Church，以下UMC）となった。合同した当初のUMCの規模は1100万人であった。

　現在でも，三つあるアフリカンアメリカンのメソジスト教会——アフリカン・メソジスト監督教会，アフリカン・メソジスト・ザイオン監督教会，クリスチャン・メソジスト監督教会——の間で合同に向けた対話が進められているが，結論はまだ出ていない。

長老派

　長老派の南北分裂は奴隷制だけでなく，リバイバル運動の際に生じたニュースクールとオールドスクールの分裂がその背景にあった。そのためメソジスト派よりも合同までに時間がかかった。1970年代になって南北合同のための対話が始まり，1983年に北部のアメリカ合同長老教会（United Presbyterian Church in the U.S.A.）と南部のアメリカ長老教会（the Presbyterian Church in the U.S.）が合同し，アメリカ長老教会（the Presbyterian Church, U.S.A.，以下PC[USA]）となった。合同当初のPC(USA)には2万1千を超える教会があり，約316万人の信徒が属していた。

合同キリスト教会

合同キリスト教会（the United Church of Christ，以下 UCC）の合同の過程は興味深い。まずピューリタンの伝統を受け継ぐ組合派教会（Congregational Church）と，19 世紀に生まれたクリスチャン教会（Christian Church）が 1931 年に合同して組合派クリスチャン教会（Congregational Christian Churches）となった。

次に 1934 年，ドイツ人のルター派の流れを汲む北アメリカ福音教会（Union of Evangelical Synod of North America）と，同じくドイツ人の教派でカルヴァン主義のアメリカ改革派教会（the Reformed Church in the United States）が合同してアメリカ福音改革派教会（Evangelical and Reformed Church in America）となった。

1957 年にこの組合派クリスチャン教会とアメリカ福音改革派教会が 20 年にわたる対話を経てついに合同し，合同キリスト教会が誕生した。合同の過程からわかるように，この教派では組合派，ルター派，改革派（カルヴァン派）の伝統が融合している。

UCC は公民権運動にも積極的に取り組み，同性婚を最初に認めた主流教派である。また他教派との交流に積極的であり，様々な神学的立場を容認する。聖餐式も，多くの所属教会がオープン・コミュニオン――出席者は誰でも聖餐式のパンとぶどう酒を受け取ることができる――で行っている。こうした意味で，アメリカのキリスト教の中では最もリベラルな教派であると言える。UCC は現在およそ 5100 の教会で 100 万人近い信徒を擁する。ただし UCC に属する教会を南部で見つけるのは至難の業である。

ちなみに日本キリスト教団を英語に訳すと the United Church of Christ in Japan となる。そのためアメリカで「私は日本キリスト教団の信徒です」と自己紹介する際には，この UCC とは異なることを説明しなければならない。

第二ヴァチカン公会議とエキュメニカル運動

　ローマ・カトリックは 1962 年から 65 年にかけて第二ヴァチカン公会議を開いた。この公会議には 2000 人以上の司教と神学者が招集された。これに加えてプロテスタントや正教会の代表者がオブザーバーとして招かれた。教皇ヨハネ 23 世は開会演説の中で「カトリック教会内部の一致，カトリック者と他のキリスト者との間の一致，カトリック者とキリスト教以外の人々とを結び合わせる尊敬と善意による一致」を呼びかけた。この公会議をきっかけに，カトリック，プロテスタント，正教会の間の対話が加速した。

　第二ヴァチカン公会議によりカトリックは大きく変わった。例えば，それまでは典礼にラテン語が用いられていたのが，英語やスペイン語といった現地の言葉が使用されるようになった。また聖堂の祭壇が壁から離され，司祭は人々のほうを向いてミサを行うようになった。

　プロテスタントの側でもこの時代，エキュメニカル運動が活発になった。プロテスタントとカトリックの間の対話が活発になると，両者の神学校が共同で神学教育を行おうとする取り組みが始まった。例えば 1962 年にカリフォルニア州バークレーでは，同じ地域にあるプロテスタントの神学校（バプテスト派，ルター派，聖公会，超教派）が協定を結び，神学大学院連合（Graduate Theological Union，以下 GTU）を設立した。1964 年以降，ここにカトリックの三つの神学校（ドミニコ会，フランシスコ会，イエズス会）やユニテリアン・ユニバーサリストの神学校が加わった。さらにこれに仏教研究所なども加わった。GTU は一つの図書館を運営し，博士・修士の学位を共同で授与している。また GTU に所属する神学校

は，すべての授業を各神学校の学生に開放している。

　同様の試みが 1966 年にボストンで，ボストン神学校機構（Boston Theological Institute）として行われた。こちらは授業の共有が主な目的である。現在はボストン神学・諸宗教間コンソーシアム（Boston Theological Interreligious Consortium）に名称を変更している。これはこのコンソーシアムにユダヤ教の神学校が加わり，ハーヴァード大学神学部やハートフォード神学校がイスラーム教や仏教といった諸宗教の宗教指導者の養成を行うようになったことによる。今ではカトリックの神学校にプロテスタントの学生がいたり，プロテスタントの神学校にカトリックの学生や教員がいたりすることも珍しいことではなくなった。

完全相互陪餐とアメリカの宗教多元化

　1960 年代にはメソジスト派，長老派，聖公会，ディサイプル派，合同キリスト教会などが参加して，より目に見える形での教派の合同を目指して，教会合同協議会（the Consultation on Church Union，以下 COCU）が組織された。この協議会では互いの教派の信仰や職制の違いよりも，合同に結びつけられそうな共通点について話し合われた。1970 年代になると合同を目指したかなり具体的な話が進められ，大規模な合同が達成されるのではないかという楽観的予想もあった。しかし 1980 年代には，そうした見通しが甘いものであることがわかってきた。COCU は 2002 年に「キリストにおいて一致する諸教会」（the Churches Uniting in Christ，略称 CUIC）へと発展的に解消された。

　1990 年代から，教派の間で互いの聖餐式や教職制度を認めるといった「完全相互陪餐」（full communion）を目指した話し合いが行

われている。完全相互陪餐とは教派が一つになる合同ではなく，各教派がお互いをキリスト教信仰のパートナーとして認め，互いの洗礼・聖餐・教職者の正統性を認め，宣教において協力する約束のことである。例えば 2000 年にはアメリカ福音ルーテル教会と聖公会の間で完全相互陪餐の協定が結ばれた。これ以外にも多くの主流教派が完全相互陪餐の協定を結んでいる。また合同メソジスト教会と聖公会は相互陪餐に向けた話し合いが進み，2021 年に完全相互陪餐の協定が実現するはずであったが，新型コロナウイルスの感染拡大の影響で延期されている。

1960 年代以降，イスラーム教，ヒンドゥー教，仏教の人口が爆発的に増えてきたことから，キリスト教はキリスト教の枠を越えた諸宗教間対話も広げていくようになった。特にムスリムの増加は著しい。1965 年の宗教分布はプロテスタント 69%，カトリック 26%，ユダヤ教 3% となっていた。ところが 2001 年にはプロテスタント 52%，カトリック 24.5%，ユダヤ教 2%，イスラーム教 0.1% となっており，プロテスタントの減少が顕著である。後述するが，これはプロテスタントの家庭で育った子どもが，大人になると「どの宗教にも属さない人々」(Nones) になることによる。これに対してムスリムは，2001 年には 500 万人を超えている。これは移民の増加による。また南アジアからの移民の増加によってヒンドゥー教徒の数も増え，100 万人はいると考えられている。現在こうした宗教間の対話が，シカゴ大学やハーヴァード大学，あるいは先に述べた GTU などの研究機関で盛んに進められている。

アフリカンアメリカンの公民権運動

1955 年 12 月 1 日，アラバマ州モンゴメリーでアフリカンアメ

リカンのロザ・パークス（Rosa Parks, 1913-2005）が，白人にバスの
席を譲らなかったために逮捕された。こうして始まったモンゴメリ
ー・バス・ボイコット運動は，一連の公民権運動の「のろし」であ
った。しかしアフリカンアメリカンの公民権運動はこれ以前から存
在していた。多くのアフリカンアメリカン教会が誕生から，解放の
希望を伝える役割を果たしていた。それに加えて 1930 年代になる
と，ネイション・オブ・イスラムがデトロイト，シカゴ，ニューヨ
ークといった都市部でアフリカンアメリカンの誇りを回復し，解放
への新しい道筋を示す働きをした。

ネイション・オブ・イスラムとマルコム X

　1890 年頃から 1920 年までの間に，多くのアフリカンアメリカ
ンが貧困と差別から逃れるために南部の農村から北部の都市に移動
した。ニューヨークやシカゴではアフリカンアメリカン居住区が拡
大した。デトロイトでのアフリカンアメリカンの増加は特に目立っ
たものであった。1890 年に 3400 人足らずだったアフリカンアメ
リカンの人口は，1930 年には 12 万人に達していた。

　1930 年，そんなデトロイトのアフリカンアメリカン居住区に，
ウォレス・ファード（Wallace D. Fard）と名乗る行商人がやって来
た。これはラインホールド・ニーバーがデトロイトを去った 2 年
後のことである。彼は「黒人」は奴隷にされる前はムスリムであっ
た，したがって「黒人」の唯一の神はアラーであると主張した。彼
は「黒人」にアメリカではなく，メッカに属した「民族」（nation）
としてのアイデンティティを取り戻すよう勧めた。彼は預言者を自
称し，8000 人近い信者を獲得して，ネイション・オブ・イスラム
（Nation of Islam，以下 NOI）を組織した。しかし彼は 1934 年に失
踪した。

　ファードの失踪後，ネイション・オブ・イスラムの一部を継承し
たのがイライジャ・ムハンマド（Elijah Muhammad）である。彼は
ファードをアラーの化身として神格化し，自らは「アラーの御使
い」であると主張した。このような NOI の教えは正統なイスラー
ムの教えとは異なるものであった。彼はアフリカンアメリカンに自
分たちのルーツに誇りを持ち，アメリカ南部にアフリカンアメリカ
ンの国家を建設するという人種分離主義を訴えた。イライジャの指
導の下，NOI は北部の都市部で不満を抱く多くのアフリカンアメ
リカンを取り込み，拡大した。彼は第二次世界大戦の際に徴兵拒否
で投獄されたが，1946 年に出所すると積極的な伝道を再開した。

　この NOI を有名にしたのがマルコム X である。彼は苛酷な幼少
時代を過ごした。青年時代には数々の悪行に手を染め，ついには刑
務所に入れられた。その獄中で彼は NOI の伝道師と出会い，入信
した。

　1952 年に釈放されるとイライジャからマルコム X の名を授か
り，ニューヨークで伝道活動を行い，指導者として頭角を現した。
しかし彼に人気が出るにつれて，イライジャとの間で溝が深まっ
た。1964 年にマルコム X は NOI から離脱し，新たにムスリム・
モスク・インク（Muslim Mosque, Inc.）を設立した。翌年 2 月，彼
はハーレムで演説中に暗殺された。

　NOI から離脱したマルコム X はその年に中東やアフリカを訪問
し，パン・アフリカニズムを唱えるようになった。これは白人の支
配と植民地主義に対抗するために，世界の黒人指導者が連帯して闘
うというものである。この考えに基づいて彼は，アフロアメリカン
統一連合（OAAU）を結成した。しかしマルコム X の死後，OAAU
は消滅した。

マーティン・ルーサー・キング Jr. と公民権運動

　アラバマ州モンゴメリーのバス・ボイコット運動を機に公民権
運動の指導者となったマーティン・ルーサー・キング Jr.（Martin
Luther King Jr., 1929-1968）は，ジョージア州アトランタでバプテス
ト派の牧師の子どもとして生まれた。彼は北部のリベラルな神学校
を卒業後ボストン大学に進み，そこで博士号を取得した。そして
1954 年にモンゴメリー市のバプテスト教会の牧師となった。

　キングはバス・ボイコット運動以来，「非暴力」を公民権運動の
基調として提唱していた。これは「あなたの敵を愛しなさい」とい
う聖書の言葉から，アフリカンアメリカンが自分たちを差別する白
人を憎むのではなく，愛することによって状況を変えようとする戦
術だった。これには相手がどんなに激しい暴力を振るっても決して
報復しないという強い意志が必要だった。

　南部のアフリカンアメリカン社会では教会の影響力が強く，牧師
であるキングの打ち出した方針は比較的スムーズに受け入れられ
た。そこでキングらアフリカンアメリカンの牧師たちは，1957 年
に南部キリスト者指導者会議（the Southern Christian Leadership Con-
ference，以下 SCLC）を組織した。この SCLC は全米黒人地位向上
協会（NAACP）や学生非暴力調整委員会（the Student Nonviolent
Coordinating Committee，略称 SNCC）といった団体と協力して，よ
り多くの南部のアフリカンアメリカンを公民権運動に動員した。そ
してアフリカンアメリカンたちは，非暴力抵抗の方針に沿ってシッ
ト・インやデモなどを行った。

　アフリカンアメリカンの公民権運動には，多数の白人キリスト者
――プロテスタントもカトリックも正教会も，リベラルから福音派
まで幅広く――のシンパを得ることができた。キングらが南部の都
市でデモを行うと，そのデモには必ず白人の牧師や神父，シスタ

Gaustad, The Religious History, 375.
1965年のアラバマ州セーラムでのデモ。キングの呼びかけに，
あらゆる教派の聖職者，修道女，ユダヤ教のラビがデモに参加
しているのが分かる。

一，ユダヤ教の
ラビといった宗
教家が参加し
た。しかし南部
の白人教会のほ
とんどはこの運
動に冷ややかな
眼差しを向け
た。さらにファ
ンダメンタリス
トは人種隔離に
聖書的根拠があ
ると主張し，キ
ングの求める人種差別の撤廃を批判した。

　一連の公民権運動は，1964年の公民権法成立により目に見える
成果を収めることができた。しかしアフリカンアメリカンが日常的
に直面する差別がなくなったわけではない。貧困や教育の格差は今
も続く。また教会や神学校での差別もすぐになくなったわけではな
い。

　この時代，アフリカンアメリカンのすべての運動家がキングの非
暴力的抵抗という方針を採っていたわけではない。マルコムＸの
ネイション・オブ・イスラムやブラック・パンサー党は白人から身
を守るために積極的に武器を取った。

　学生非暴力調整委員会（SNCC）は当初，レストランで白人席に
座り続けるシット・インといった非暴力抵抗を南部で展開し，白
人学生らも参加した。しかし1966年には非暴力から方針を転換し
て，「ブラックパワー」をスローガンに過激な行動を取るようにな

った。あまりに多くの若者が無防備に白人の暴力にさらされ，命を
落としたからである。さらに彼らは，白人シンパの役割は終わった
と公言するようになった。「ブラックパワー」は人種の和解と統合
を目指したキングの晩年の悩みの種であった。

　1970 年，ニューヨークのユニオン神学校はアフリカンアメリカ
ンの経験をもとに『黒人の神学とブラックパワー』（*Black Theology
and Black Power*, 1969）を上梓したばかりのジェームズ・コーン
（James H. Cone, 1938-2018）を教員に迎え入れた。コーンは多数の
著書によって白人の神学を批判し，アフリカンアメリカンの視点か
ら神学を再構築した。彼のもとで学んだ多くのアフリカンアメリカ
ンの神学者が，この神学をさらに進化させている。

教会と女性

　1960 年代，女性たちが自分たちの権利の獲得と社会変革に動き
出した。教会では女性たちが聖書や礼拝式文，讃美歌に見られる男
性中心的な表現の変更を求めた。英語では，神を指す代名詞に「彼」
──神を指して He，His，Him を用いる時には語頭を大文字にし
た──，教会に「彼女」を用いる。また，教会の会衆に呼びかける
際には「兄弟の皆さん」と言うことが多かった。

　また男性に限られてきた牧師職について，女性にも門戸を開くこ
とが議論された。ペンテコステやホーリネスの教派では，当初から
女性が指導者として活躍した。合同メソジスト教会や合同キリスト
教会は，合同前の段階ですでに牧師とするための按手を女性にも行
っていた。南部長老派でも 1956 年には女性按手が始まっていた。
1960 年代にはルター派系の三つの教派で女性按手についての議論
が始まり，70 年代になると女性への按手が行われた。米国聖公会

では1976年に女性を聖職者として認める側が多数派になると，それに反対する司祭や教会の一部が聖公会を離脱した。その後1986年，聖公会は女性を主教として按手するまでになった。2006年にはカタリン・ジェファート・ショリが女性として初めての米国聖公会首座主教になった。こういった動きに対して，南部バプテスト連盟は，2000年に制定した信仰告白（Baptist Faith & Message 2000）の中で「教会での奉仕の賜物は男性にも女性にも与えられているが，牧師の任については聖書により規定されているように，男性に限られる」と定めた。

　女性の長い抑圧の歴史と解放への闘いは，80年代になるとフェミニスト神学として結晶化した。日本でも新約聖書学者のエリザベス・シュスラー・フィオレンツァや組織神学者のローズマリー・ラドフォード・リューサーらが紹介された。白人女性解放の思想がフェミニズムならば，アフリカンアメリカンであることと女性であることによって二重の抑圧に苦しむ女性をエンパワーする神学がウーマニズム神学である。そしてヒスパニック女性の神学がムヘリスタ神学である。こうした神学が1980年代後半に次々と生まれる。21世紀に入ると，環境問題を女性の視点から見つめて行動を促すエコフェミニズム神学も生まれた。

教会とLGBTQ+

　LGBTQ+とはレズビアン，ゲイ，バイセクシュアル，トランスジェンダー，クエスチョニング（自分自身のセクシュアリティを決められない，分からない，または決めない人）などを指す総称である。

　ここではLGBTQ+の権利獲得の闘いの起点を，とりあえず1970年代——それ以前にも動きはあったのだが——とする。1960

年代のアメリカでは，ほとんどの州に「ソドミー法」[1] が存在し，公の場での同性愛行為や異性装（化粧や服装により異性の格好をすること）が処罰の対象とされていた。1969 年 6 月，ニューヨーク市グリニッジ・ヴィレッジにある「ストーンウォール・イン」というLGBTQ+ が集まるバーに警察が強制捜査を行ったことに端を発する暴動が発生した。この暴動からゲイ・レズビアンの解放運動が広がった。

アメリカ精神医学会（the American Psychiatric Association）は1968 年に改訂された『精神疾患の診断と統計の手引き DSM-II』(*Diagnostic and Statistical Manual of Mental Disorders-II*) において，同性愛を独立した診断名とした。ゲイ・レズビアン解放運動が粘り強い抗議活動を行った結果，同学会は 1973 年に DSM-II から同性愛を削除した（完全な削除は 1987 年の改訂 3 版［DSM-Ⅲ-R］で行われた）。

キリスト教の LGBTQ+ 解放の動きを見てみよう。ストーンウォール・イン事件の前年である 1968 年，福音派の背景を持つ牧師トロイ・ペリー（Tory Perry, 1940-）はロサンゼルス郊外の自宅で，同性愛者のキリスト者のための小さな集会を始めた。同性愛者の人々は，それだけで家族や友人との関係を失ったり，偏見から職を失ったり，教会から追い出されたりした経験を持っている。そのような人々が神との関係を確認し，仲間との絆を築くことがこの集会のねらいであった。

---

1)　「ソドミー法」(Sodomy laws) とは，異性間が性器で行うセックスのみを正常なものと限定し，それ以外のセックスを「クリスチャンにふさわしくない」とみなして禁止する法律のことである。この「ソドミー」とは，ソドムの滅亡の物語（創世記 19 章）の「罪」を同性愛であるとする間違った解釈に基づいたものである。

メトロポリタン・コミュニティー教会の創立者
トロイ・ペリー

この集会をはじめ，各地の同じようなゲイ・レズビアンのキリスト者のグループによってメトロポリタン・コミュニティ教会（the Universal Fellowship of Metropolitan Community Churches，以下 MCC）という新しい教派が組織された。各地の MCC の教会は LGBTQ+ の運動の拠点となったが，同時に彼らの存在を憎む者による放火や破壊といった攻撃のターゲットにもなった。

MCC は基本的には使徒信条とニケア信条を告白しており，特殊な教理を持たない。現在 MCC は世界中で伝道活動を展開しており，世界 22 か国に約 300 教会，約 4 万 3 千人の信徒を擁する教派となっている。

既存の教派では 70 年代後半から最近まで，LGBTQ+ を罪とみなすか，LGBTQ+ を公言する者を牧師にできるのか，同性間の結婚式を執り行えるのかといった問題について激しい議論が続いている。この点については第 12 章で改めて扱うが，ここではキリスト教と関係の深い「転換療法」（Conversion Therapy）について触れる。

「転換療法」とは同性愛を精神疾患とみなし，異性愛者にするための「治療」である。この転換療法を行う団体のほとんどは，同性愛を罪とする福音派を名乗る。2003 年の調査では，キリスト者の 42% が「同性愛は変えられる」と信じていた。この傾向は福音派

で強かった（65%）[2]。この転換療法は臨床心理の資格のない者によ
る非科学的な「療法」──ほぼ拷問──である。この「療法」の被
害者の多くは，うつ病や自尊感情の低下に悩まされた。さらに深刻
なのは，自死に追い込まれる者が多くいるということである。

　転換療法を行う最大の団体だった「エクソダス・インターナショ
ナル」は 1976 年に「イエス・キリストの力を通して同性愛から解
放される」という主張のもとに設立された。最盛期には全米に 250
か所の施設を設け，17 か国に支部を置いた。2013 年にこの団体は
自分たちの無知を認め，被害者に謝罪し，活動を停止した。しかし
彼ら以外にも，まだ多くの転換療法を行う団体が世界中で活動を続
けている。

　オバマ大統領はこの転換療法の禁止を支持し，いくつかの州がこ
の療法を禁止したが，宗教右派を支持基盤とする共和党は，2016
年に政策綱領で転換療法の推進を謳った。しかし着実に LGBTQ+
についての「無知」は克服されつつあり，現在における LGBTQ+
に対する差別や暴力の原因は，宗教か無知しかないと言える状況で
ある。そしてその無知も宗教によるものだ──アメリカという国を
見ているとそう言わざるを得なくはならないだろうか[3]。

---

2)　"Half of Americans Say Sexual Orientation Cannot be changed,"
Pew Research Center. https://www.pewresearch.org/fact-tank/2013/08/20/
half-of-americans-say-sexual-orientation-cannot-be-changed/〔2021 年 2 月 1 日
取得〕ただし福音派が皆そう考えているわけではない。

3)　"The Global Divide on Homosexuality Persists," Pew Research Center.
https://www.pewresearch.org/global/2020/06/25/global-divide-on-homosexuali-
ty-persists/〔2020 年 2 月 1 日取得〕ピューリサーチセンターの調べでは，調査
に答えた 72% が同性愛を社会で受け入れるべきであると考えている。受け入
れるべきでないと答えた人は 21% である。

ベトナム戦争

　1965年3月，アメリカは北ベトナムへの爆撃を開始した。これはアメリカがベトナムの共産主義化を恐れ，南ベトナム政府を援助してのことである。ここから1973年まで続く泥沼のベトナム戦争に突入した。

　それまでアメリカのキリスト教界は戦争が起きるたびに，国家による戦争は神の意志による正しい戦争であると戦争を支持してきたが，ベトナム戦争ではその姿勢が分かれた。当初多くのキリスト者が社会主義を悪や闇にたとえ，この戦争を悪に対する闘いであると支持した。例えばビリー・グラハムがベトナム戦争を支持したことはすでに述べた通りである。

　これに対してベトナム戦争に反対するキリスト者もいた。北ベトナムへの空爆開始の年には「ベトナム戦争を憂慮する教職と信徒の会」(Clergy and Laymen Concerned About Vietnam) という反戦キリスト者の集まりが組織された。1966年にはカトリック司教団が，1967年には北部長老派がそれぞれ，ベトナム戦争を憂慮する声明を発表した。とは言うものの1967年までは，アメリカ社会全体や教会においてベトナム戦争に反対する者は少数であった。

　しかし徴兵制によってベトナムに派遣された若者の数が30万人を超え，若者の戦死者の数が増えると世論の潮流が変化した。それに加えてアメリカ軍による化学兵器やナパーム弾がもたらした阿鼻叫喚のベトナムの状況が報じられると，ベトナムからのアメリカ軍の撤退を求める声が世論の多数を占めるようになった。これが1968年のことである。この頃，キングやカトリック修道士トマス・マートンといった当時のキリスト教の代表的人物も反戦を訴え

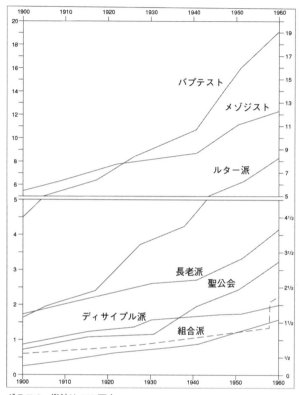

グラフ 3　縦軸は 100 万人

　たことが，反戦ムードをキリスト教界全体に浸透させていくことに
なった。

　ベトナム戦争以降，アメリカの戦争を神の意志とする考えは主流
教派から薄れていき，代わって化学兵器や地雷，ナパーム弾といっ
た非人道的兵器の禁止，核兵器の廃絶といった平和運動が広がっ
た。

コンテンポラリー・キリスト教音楽の登場

　ベトナム反戦運動を契機の一つとして，若者の間にそれまでの価値観や道徳——例えばキリスト教的な道徳や資本主義的な価値観——に反発する文化が生まれた。反戦運動から環境問題，人種差別といった社会の矛盾に対する「異議申し立て」が行われ，ロックやフォークといった新しい音楽が生まれた。またドラッグも若者たちの間で広がった。

　西海岸のカウンターカルチャーの文脈の中で生まれたのがジーザス運動である。この運動の伝道師たちはヒッピーの文化に飛び込んで行って，彼らの音楽を取り入れ，彼らのスタイルで語りかけた。ドラッグに浸った若者たちには，イエスは幻覚から解放し，真の精神的高揚を与えてくれると語りかけた。回心した者は自分たちを「ジーザス・ピープル」「ジーザス・フリーク」と呼んだ。

　そしてこのジーザス運動や，この運動の土壌から生まれたヴィンヤード教会などの新しい教会から，新しいスタイルの礼拝や音楽が生まれ，キリスト教全体に広がった。フォークやロック，ジャズによる讃美歌・聖歌が作られた。礼拝のスタイルも伝統的な式文や場所から離れ，ライブのような雰囲気や森の中で行われるようにもなった。説教者はジョークも交えて，講壇を降りて人々の間を歩き，一人一人の目を見て語りかけた。この影響からか，80年代以降に建設された教会堂には高い講壇や固定式の長椅子がなくなり，全体がフラットな構造の会堂が増えた。

　教会では礼拝や音楽のスタイルを次々に変えていこうとするコンテンポラリー派と，変化についていけない伝統派がぶつかることもしばしばあった。付け加えると，礼拝音楽の「コンテンポラリー」

は変化していく[4]。私が交換留学で初めてアメリカに行った 80 年代は，フォークやロックのキリスト教音楽がコンテンポラリーだった。ギター片手にフォークな讃美歌が，日本から来た私には新鮮だった。2000 年代にアメリカで暮らした時には，ラップがコンテンポラリーの最先端だった。ヒップ・ホップなどを取り入れたアーバン・コンテンポラリー・ゴスペルの歌手カーク・フランクリンの集会はかなり刺激的であった。

【課題】

- 自分たちの教会や学校のルーツがアメリカの教派にあるなら，その教派が現在に至るまでにどのような教派合同を経ているか調べてみよう。
- どの教派と完全相互陪餐の協定を結んでいるか調べてみよう。完全相互陪餐によって，教会の宣教にどのような可能性が生まれるか考えてみよう。
- マーティン・ルーサー・キング Jr. とマルコム X の生涯と思想を比較し，その思想の違いがどこに由来するものか考えてみよう。ベトナム戦争に対してアメリカの多くの教会はどのような声があがり，どのような行動が展開されたか。日本の教会で挙がった声と行動と比較してみよう。
- 50 年代から現代までのアメリカのキリスト教音楽の変遷を調べてみよう。歌詞に注目した時，伝統的な讃美歌と何が違っているのか考えてみよう。

---

4)　毎年発表されるコンピレーション・アルバム WOW Gospel から，その変化を知ることができる。

【より深く学ぶために】

荒このみ『マルコム X』(岩波新書) 岩波書店，2009 年。

ジェイムズ・H・コーン著，梶原寿訳『夢か悪夢か——キング牧師とマルコム X』日本キリスト教団出版局，1996 年。

小泉明子『同性婚論争——「家族」をめぐるアメリカの文化戦争』慶應義塾大学出版会，2020 年。

第11章
政治化したファンダメンタリスト

成長する福音派

　リベラルなキリスト者が公民権運動や反戦運動に力を傾けている間にも，福音派は拡大を続けた。福音派は主流教派の中で確実に数を増やしていった。

　南部バプテスト連盟は1940年代から60年代にかけて信徒数を増やし，1965年までに1100万人となって当時プロテスタントの最大教派であった合同メソジスト教会（1968年に最終合同）に追いついた。その後も南部バプテストは，南部のみならず全米各地に広がり，1985年には信徒数1450万人，2000年には約1573万人となり，プロテスタント最大の教派となった。しかし2006年の1630万人をピークに，南部バプテスト連盟はゆっくりと信徒数を減らしている。

　アッセンブリーズ・オブ・ゴッド教団は，1965年には50万人を少し超える程度の信徒数であった。同教団は白人中心の教派から，ヒスパニックや韓国人といったニューカマーに積極的に伝道を行い，1985年には200万人にまで急成長した。2000年には252万人，2018年には320万人にまで成長している。

　その一方で主流教派は，1960年代から次第に教勢を縮小していった。信徒数は1960年代から1997年までの間に長老派で50万人

減，聖公会で70万人減，合同キリスト教会で80万人減，ディサイプル派で90万人減，合同メソジスト教会に至っては200万人減となった。ただし合同メソジスト教会は，ここまで信徒数を減らしても2000年の時点で約840万人と，プロテスタント第2位の規模である。

カリスマ運動の主流教派内での拡大も見過ごすことはできない。カリスマ運動とは，ペンテコステ運動の影響を受けた主流教派内の信徒や教職によって生まれたものである。したがってカリスマ運動も，ペンテコステ運動と同様に聖霊の降臨を強く求め，聖霊の賜物として異言を語り，癒やしの奇跡を行う。しかしペンテコステ運動が自分たちの教派を形成したのに対して，カリスマ運動は教派内に留まり，聖霊の降臨を求めることで信仰心を刷新しようとするものである。

カリスマ運動は，個人的に開かれる小さな聖書研究グループのネットワークによって形成されている。例えば1952年に誕生した国際フルゴスペル・ビジネスメンズ・フェローシップ（the Full Gospel Business Men's Fellowship International）は，プロテスタント主流教派内のみならずカトリックにまでカリスマ運動を広げていく影響力を発揮した。こうして1980年代頃には，カリスマ的キリスト者を自認するアメリカ人は2900万人に達した。

文化戦争

1960年代からの保守派とリベラル派の間の価値観の衝突を文化戦争（culture war）と呼ぶ。文化戦争のテーマとしては妊娠中絶，同性婚，ポルノの規制，公立学校における宗教教育（祈り，十戒の掲示など），銃規制，移民政策などが挙げられる。

　連邦最高裁は公立学校での祈祷（1962 年）や聖書朗読（1963 年）を禁止する判決を相次いで下した。それまで始業前の祈りや聖書朗読は日常的な風景であった。その後，道徳教育の目的で十戒を公立学校の教室や裁判所などの公共施設に掲示することも違憲とされた（1980 年）。このように公立学校からキリスト教的要素を除いていく流れが形成されると，キリスト教保守派の家庭の間には子どもを公立学校に通わせず，在宅で教育するホームスクール（home schooling）が広がった。

　1973 年に連邦最高裁は「ロー対ウェイド判決」で中絶を女性の権利とし，中絶手術を禁止する法律を違憲とする判決を下した。これ以降，妊娠中絶を認める立場を「自分の身体に関する選択は自分がする」という意味で「プロチョイス」と呼び，妊娠中絶に反対する立場を「胎児の生命を尊重する」という意味で「プロライフ」と呼ぶ。「プロライフ」は主にカトリック保守層やプロテスタント福音派によって構成されている。

　両者の間の溝が埋まることは決してない。1990 年代には，中絶を行う医師に対する脅迫や殺人が後を絶たなかった。そしてこの対立は大統領選のたびに利用された。

誠実な福音派ジミー・カーター

　リベラルな政策によって，古き良き時代のアメリカのキリスト教的道徳は廃れてしまった——ファンダメンタリストや福音派はそう憤慨していた。また彼らはリベラルな政権による福祉重視の政策や，ソ連や中国といった社会主義諸国に対する融和路線に対しても不信感を抱いていた。

　1976 年の大統領選で福音派の多くはジミー・カーター（Jimmy

Carter, Jr., 1924-)に票を投じた。それはカーターが南部バプテスト連盟に属する教会の日曜学校の教師で，篤信のキリスト者だったからである。カーターが勝利した時，『ニューズウィーク』はその年を「福音派の年」と呼んだ。

　ところがカーターは大統領に就任すると，政治と宗教の分離というバプテスト派の大本と民主党のリベラルな路線を貫いた。国内ではキリスト教系学校に課税し，妊娠中絶にも理解を示すといったリベラルな方針を推し進めた。また外交でも東側に柔軟な「人権外交」の姿勢を取った。福音派はカーターに失望した。

　そこでファンダメンタリストは 1980 年の大統領選では不満の溜まった福音派を巻き込んで，共和党のロナルド・レーガンを支持した。カトリックやユダヤ教の保守的な人々も，モルモン教の一部も，レーガンのスローガンでもあった強い国アメリカの復権に同調した。そのためカーター政権はあっけなく終わった。

　ところでカーターは若い頃から，バプテスト派教会の教会学校の教師であった。在職中もホワイトハウスの近くの教会で教会学校の奉仕をしたという。カーターは「世界で最も有名な教会学校教師」と言えるだろう。また彼はハビタット・フォー・ヒューマニティ（世界 70 か国で住まいの問題に取り組む国際 NGO）などのキリスト教系の NGO の支援も続けてきた。

　カーターは 2000 年には保守化を強めた南部バプテスト連盟から離脱し，より穏健なコーオペラティブ・バプティスト・フェローシップ（the Cooperative Baptist Fellowship）に加わった[1]。2006 年には環境問題や紛争解決に取り組むバプテスト派の包括団体であるニュー・バプテスト・カベナント（the New Baptist Covenant）の立ち上

1)　同教団は 2020 年，南部中心に教会数約 1800，信徒数約 75 万人である。

げメンバーになった。

レーガンを生み出したファンダメンタリスト

　1980年の大統領選で現職のカーターを制したのは，ロナルド・レーガンだった。彼を大統領とするためにモラル・マジョリティ（Moral Majority），キリスト者の声（Christian Voice），宗教円卓会議（Religious Roundtable）といった政治化したファンダメンタリストのグループが大同団結した[2]。その中でも最大の勢力がジェリー・ファルエル（Jerry Falwell, 1933-2007）率いるモラル・マジョリティであった。

　ファルエルはヴァージニア州リンチバーグのバプテスト教会の牧師であったが，テレビ伝道も行った。彼はファンダメンタリストの思想に基づき，説教では道徳的なきよめを強調した。彼はキリスト教の伝統的な信仰を守ることと保守的政治を支持することは同じであるとして，人々に「聖書的宗教は保守的政治活動を支持する」と訴えた。

　モラル・マジョリティは中絶反対や家族道徳の復権を愛国心と結びつけ，カーター政権に不満を持つ福音派をレーガン支持者にした。それまで福音派は地域や教派，民族によってばらばらで，投票行動もばらばらだった。しかしモラル・マジョリティは教会にダイレクトメールを発信し，牧師の説教を通して信徒たちにレーガンこ

　2）　ファンダメンタリストはもともと反進化論法を各州で通すといった程度の政治的関心しか持たなかったが，80年代になると政治行動を強めた。森孝一「フェンダメンタリストの政治化現象：1980年代の『新宗教右翼』の研究」『同志社アメリカ』20号（1984年）: 37-51頁。

そがアメリカを神のみ旨に沿って導くと訴え，福音派を一つの大きな票田とすることに成功した。

　キリスト者の声はすべての政治家に対して「道徳」に関する意識調査を行い，採点し，選挙の際に点数の低い議員を攻撃した。彼らの行った調査の質問項目は婚外交渉，ポルノ規制，中絶，同性愛，公立学校での祈り，理科の授業に創造論を含めることなど，かなり多岐にわたっていた。

　宗教円卓会議は，新保守のリーダーに対して道徳や政治の面で最も影響力を持っていたテレビ伝道師の集まりであった。ここで福音派を保守政治に取り組むための戦略が練られた。

　こうして福音派と呼ばれる素朴な信仰を持つキリスト者は，政治化したファンダメンタリストの指導者たちによって保守政治に取り込まれた。福音派はカーターのような信仰に熱心なキリスト者よりも，多少難のある人物であっても，中絶反対や家族道徳の復権，無神論的な共産主義との徹底した対峙を約束するレーガンを選んだ。

　モラル・マジョリティをはじめとする政治化したファンダメンタリストの活動はレーガン政権の8年間，共和党のさらなる保守化を図った。しかしレーガン政権が終わるとしばらくは静かになった。

　ファルエルは早くから教育にも関心を持っていた。まずは1967年，公立学校で人種統合が進み宗教的な道徳教育が排除されていく風潮に抗して，リンチバーグ・クリスチャン・アカデミー（小中高）を創設した。次に1971年にはリンチバーグ・バプテスト大学（Lynchburg Baptist College）を創設した。この大学は後にリバティ大学（Liberty University）に名前を変えた。リバティ大学は「宗教右派の牙城」「保守系シンクタンク」などと呼ばれ，保守的な大統領候補が重要な選挙演説をする場所として有名である。

ファルエルが亡くなった後，息子のジェリー・ファルエル Jr. が
同大学の総長を引き継いだ。ファルエル Jr. はトランプ政権誕生に
も一役買った。しかし彼はここには書きにくい下品なスキャンダル
を起こし，リバティ大学は 2020 年に彼を解任した。

宗教右派とテレヴァンジェリストの 80 年代

レーガンを大統領にすべく団結した 3 つのファンダメンタリス
トの政治団体は，キリスト教右派 (the Christian Right) あるいは宗
教右派 (the Religious Right) と呼ばれた。このキリスト教右派の主
張を国民に広めていく役割を果たしたのがテレビ伝道師たちであっ
た。1980 年代，メディア伝道の主流はラジオからテレビに変わっ
た。特に何チャンネルもの番組を放送することのできるケーブルテ
レビの普及は，キリスト教伝道団体によるチャンネル運営を可能に
した。

私自身 1986 年から 2 年間，高校の交換留学でアメリカで暮らし
たのだが，その時にお世話になったお宅のテレビが 50 チャンネル
以上もあったことに驚いた。ちなみにこの頃，ソファに座ってスナ
ック菓子とジュースを手にだらだらとテレビを見る人のことを「カ
ウチ・ポテト」と呼んでいた。このカウチ・ポテトが，他の番組を
見るついでにキリスト教番組を見ることもあったであろう。

事実，ある世論調査によると，地域差・年齢差などはあるだろう
が，30 ％の人々がこうしたキリスト教番組を見たことがあるとい
う。視聴率は南部，中西部で高く，東部では低かった。

テレビ伝道師のことを，テレビ (television) と伝道師 (evangelist)
を組み合わせてテレヴァンジェリスト (televangelist) と呼ぶ。当時
の人気テレヴァンジェリストはオーラル・ロバーツ，「ザ・700 ク

250

スキャンダルが公にされた後，ジ
ミー・スワガートはテレビで赦しを
求めた。

ラブ」という番組のキャスターで
あったパット・ロバートソン（Pat
Robertson,1930-），同じく人気番組
「PTL クラブ」のジミーとタミー・
ベーカー夫妻（Jimmy and Tammy
Bakker）であろう。そして私の印象
では，最も人気があったテレヴァン
ジェリストはジミー・スワガート
（Jimmy Swaggart,1935-）であった。
こうしたテレヴァンジェリストはペ
ンテコステ・カリスマ系であった。

　視聴者は自宅からこの番組に電話
をかけて自分の悩みを相談し，祈ってもらった。そして献金を，当
時のアメリカ人なら誰もが使っていたチェック（小切手）で送金し
た。ある番組は放送中に視聴者から電話で献金の申し込みを受け付
け，申し込まれた献金額を電光掲示板で示し，より多く献金するよ
う訴えた。「より多く差し出せば，より多く神に恵まれる！」と伝道
師は訴えた。

　しかしこのテレヴァンジェリスト・ブームは，テレヴァンジェリ
ストの相次ぐセックス・スキャンダルによりあっけなく終わった。
1987 年，PTL クラブのジミー・ベーカーがスタッフの女性と不適
切な関係を持っていたことが暴露された。その後，ホテルやテーマ
パークまで運営していた PTL クラブはそのずさんな経営ゆえに倒
産した。ジミー・ベーカーは脱税などの罪で懲役刑に服すことにな
った。さらに翌年，ジミー・スワガートが買春行為を繰り返してい
たことが明らかになり，熱心なキリスト者たちはテレヴァンジェリ
ストに幻滅した。

テレヴァンジェリストが次々とスキャンダルで消えていく中，クリーンなイメージを保ち続けたのがジェリー・ファルエルとパット・ロバートソンであった。しかしそのファルエルもリバティ大学の経営不振に苦しみ，政治や宗教の世界で次第に影が薄くなっていった。

パット・ロバートソンとクリスチャン連合

　1980 年代後半，ファルエルの人気に追いつき，追い越したのがパット・ロバートソンであった。彼は CBN（Christian Broadcasting Network）という放送局のオーナーであり，その看板番組「ザ・700 クラブ」というキリスト教番組で有名になった。彼は 1977 年に CBN 大学――現在のリージェント大学（Regent University）――を設立し，大学理事長となった。リージェント大学は規模ではリバティ大学に及ばないが，「宗教右派のハーヴァード」などと呼ばれている。

　ロバートソンは 1988 年の共和党の大統領指名候補に名乗りを上げた。公約には共産主義との闘い，中絶の禁止，公立学校での祈祷の復活などが掲げられた。結局共和党はロバートソンではなくジョージ・H・W・ブッシュを候補に指名し，彼が大統領になったのだが，このロバートソンのキャンペーンは多くの福音派のキリスト者を保守政治に引き入れることに成功した。この頃から大統領選において，福音派はどの陣営にとっても絶対に無視できない層であるという印象が強まった。

　ロバートソンの設立した中絶に反対し家族の価値を守る政治団体であるクリスチャン連合（the Christian Coalition）は，この選挙の後さらに勢いを増した。この連合の初代事務局長は「神の右手」と

呼ばれたラルフ・リード（Ralph Reed Jr., 1961-）であった。後にリードは息子のジョージ・W・ブッシュの選挙顧問も務めた。この団体は地方支部を全米各地に作り，どんな政治家に投票すべきか説明するガイドブックを配布し，地域活動家の養成セミナーを開いて選挙運動のノウハウを教えた。クリスチャン連合の成長は著しく，93年の終わり頃の会員数は50万人ほどだったが，90年代の終わり頃には170万人近くまで伸びたという。しかし彼らの影響力は会員数だけでは計れない。何しろクリスチャン連合に協力する教会は全米各地に存在し，ロバートソンのテレビ番組の視聴者もまた，連合の支持者に含まれると思われるからである。1992年の議会選挙で，この連合はすでに共和党内で影響力を発揮し始めていた。

　モラル・マジョリティとクリスチャン連合との間には決定的な違いがあった。それは路線のソフト化と言える。モラル・マジョリティは共産主義との闘いを鮮明に打ち出し，中絶や同性愛行為を徹底的に攻撃した。当時の穏健な政治的立場を取り，素朴な信仰を大切にしたいキリスト者，すなわち福音派の中には，このようなやや戦闘的とも言える姿勢についていけない者も多かった。その教訓からクリスチャン連合は，中絶や同性愛，公立学校における祈祷よりも，誰もが関心を持つ身近な問題──例えば治安の改善，学校教育の充実，家族の絆，財政赤字や税金──を取り上げて，支持層の裾野を広げた。

　1996年の大統領選挙では，クリスチャン連合は共和党内で絶大な影響力を示した。1990年代になると連邦議会選挙，州議会選挙，教育委員会選挙などで圧倒的な影響力を見せつけた。とりわけ各地の教育委員会にはファンダメンタリストの道徳観に共鳴する委員が送り込まれたという点で，彼らの動きは無視できなくなった。

　クリスチャン連合の拡大は，リードの手腕によるところが大きか

った。そのためリードがロバートソンと不仲になり，1997年に事務局長を辞めた途端に連合の勢力は衰えた。

プロミスキーパーズと統治の神学

　宗教右派の団体で言及しておくべきもう一つの団体がプロミスキーパーズ（the Promise Keepers）である。この団体は1991年に元フットボールコーチのビル・マッカートニー（Bill McCartney, 1940-）により組織された。この団体に集まって来たのは犯罪や離婚，中絶，同性愛などに危機感を持つ人々で，彼らは家長としての父親の復権によりアメリカの伝統的家族を再生することを訴えた。

　プロミスキーパーズは統治の神学（Dominion theology）という特殊な終末思想を持つ。それは少数の選ばれた神の民，すなわちキリスト者が悪の支配から地上を奪還するという思想である。創世記1章28節の「地を従わせよ。海の魚，空の鳥，地の上を這う生き物をすべて支配せよ」という言葉を挙げて，正しいキリスト者だけがこの世界を支配するのだと彼らは主張した。

　この統治の神学から生まれたのがキリスト教再建主義（Christian Reconstructionism）である。これはキリストの再臨までに，旧約聖書に定められている様々な道徳——それは家長の責任と権力や同性愛の禁止といった，彼らに都合の良いものばかりであるが——に従ってアメリカの再建を目指すというものである。ジョージ・W・ブッシュ自身，そしてその側近たちの中にもこの考えに近い者が多かったことから，キリスト教再建主義は彼の政権の外交政策や内政に影響を及ぼしたと言われている。

ジョージ・W・ブッシュの登場

　宗教右派はキリスト教国・強い国アメリカの再生を目指して，2000年の大統領選挙に向けて決起した。当時国民の45%が「ボーン・アゲインの福音派」[3]を公言しており，新正統主義や主流教派のキリスト者よりも，福音派の方がキリスト教界では幅を利かせていた。主流教派はそれまでレーガンの「MXミサイル」計画やブッシュの湾岸戦争に反対し，環境問題や人権問題に取り組んできた。しかし政治への影響力は，ファンダメンタリストの足元にも及ばなかった。

　ジョージ・W・ブッシュは民主党候補のアル・ゴアよりも全国の得票数では53万票ほど少なかったが，大統領に選ばれた。リードはブッシュの選挙対策顧問として福音派の票をがっちりと固めた。教会に毎週出席する白人福音派の84%がブッシュを選んだ。これはブッシュが獲得した票数の3分の1を占めたと言われている。

貧困や環境破壊に関心を寄せる福音左派

　ところで福音派が皆宗教右派で，貧困や平和，環境破壊といった問題に全く関心を持たないという見方は当たらない。そもそも福音

---

　3)「ボーン・アゲイン」とは，自らの罪を認め，イエス・キリストを救い主として受け入れ，聖霊によって新しい生を歩むこと（新生）である。若いころのジョージ・W・ブッシュは酒浸りの生活を送っていたが，ビリー・グラハムと話したことをきっかけに酒をやめ，熱心なキリスト教信仰をもつに至った。

派のルーツは，女性に活躍の場をもたらし奴隷制廃止運動を推進し
たリバイバルである。また福音派は，聖書が示す社会正義のメッセ
ージにも誠実であろうとする。

　1973 年に福音派の指導者たちによって署名された「福音派
の社会的関心についてのシカゴ宣言」(the Chicago Declaration of
Evangelical Social Concern) は，福音派がただ再臨を待つだけでな
く，神が社会正義の実現を望まれていることを認め，行動を起こす
ように勧告するものである。

　このシカゴ宣言の起草者の一人ロナルド・J・サイダー (Ronald J.
Sider, 1939-) は，1977 年に『飢えの時代の富めるキリスト者』(*Rich
Christians in an Age of Hunger*) を出版した [4]。この本は聖書をもとに現
代の歪んだ市場経済を批判し，キリスト者にこれを正すライフスタ
イルを勧める。この本は福音派の間でたちまちベストセラーになっ
たが，同時に議論も巻き起こした。

　またジム・ウォリス (Jim Wallis, 1948-) が 1971 年に創刊した月
刊誌『ソージャナーズ』(*Sojourners*) は，教会と社会正義の問題を
扱いながら福音派だけでなくリベラルなキリスト者からも支持され
ている。ウォリスはオバマの宗教上のアドバイザーでもあった。

　キリスト教系 NGO ハビタット・フォー・ヒューマニティ
(Habitat for Humanity) は世界の貧しい人々に住居を提供する目的
で，1976 年に福音派のミラード・フラーとリンダ・フラーにより
設立された。日本にも支部があり，私の勤める大学にも関連するサ
ークルがある。意外なことにこの活動に加わる学生の多くが，この
活動のルーツがキリスト教——しかも福音派——であることを知ら

---

4)　日本語訳はロナルド・J・サイダー著，後藤敏夫・御立英史訳『聖書の経
済学　格差と貧困の時代に求められる公正』あおぞら書房，2021 年

ない。

　宗教右派に対して，このような社会正義に関心を寄せる福音派を福音派左派（Evangelical left）と呼ぶ。

【調べてみよう・話し合ってみよう】
• ジミー・カーターは大統領在任中よりも，後になって世界に影響を及ぼしたと言われている。彼の功績を調べてみよう。
• ロナルド・レーガンを大統領に選んだ 1980 年の大統領選を契機に，政治に積極的でなかった福音派が宗教右派に取り込まれていった過程を調べ，現状とどのようにつながっているか話し合ってみよう。
• ジョージ・W・ブッシュ政権の政策と宗教右派の関係について調べ，アメリカの政策に宗教がいかに根深い影響を及ぼしているか話し合ってみよう。

【より深く学ぶために】
栗林輝夫『キリスト教帝国アメリカ　ブッシュの神学とネオコン，宗教右派』キリスト新聞社，2005 年。
スーザン・ジョージ著，森田成也訳『アメリカは，キリスト教原理主義・新保守主義に，いかに乗っ取られたのか?』作品社，2008 年。

第12章
9.11 からバイデンの時代へ

キリスト教人口の重心の移動

第9章の冒頭で20世紀は「戦争の世紀」であったと述べたが，キリスト教にとって20世紀は「伝道の世紀」であった（第6章参照）。20世紀初頭，プロテスタントの宣教師は世界中に約2万1千人いたが，アメリカとカナダの教会や宣教団体が派遣した宣教師はそのうちの3分の1程度であった。しかし1925年頃には世界の宣教師の半分が，1950年代には3分の2がアメリカとカナダから派遣されていた。特に中国はアメリカの教会にとって最大の伝道地であった。戦前には3000人を超えるアメリカ人宣教師が中国で活動していた。社会主義革命後もアメリカが中国での伝道の機をうかがってきたことは言うまでもない。

モルモン教やエホバの証人，セブンスデー・アドベンチストといったグループも世界宣教に熱心である。ペンテコステ派は中南米で大成功を収めた。

1900年頃，世界中のキリスト者の85%はヨーロッパと北アメリカに集中していた。しかし20世紀の終わりには，世界のキリスト者の70%はヨーロッパや北アメリカの外部の人々であった。このようにキリスト教人口の重心は，ヨーロッパ・北アメリカからその外部へと移っていった。

9.11と宗教の対応

　2001年9月11日朝，旅客機4機がテロリストに乗っ取られ，ニューヨークの世界貿易センタービル2棟に2機が衝突，ビルは崩壊した。他の1機は国防総省に激突，もう1機はペンシルヴァニア州で墜落した。このテロにより約3千人が亡くなった。

　この日の夕方，全米の教会で悲嘆の祈りと慰めの賛美が捧げられた。しかしその5日後の日曜日の礼拝は，もはや慰めの礼拝ではなくなっていた。この時私はケンタッキー州に住んでいたのだが，私が出席した600人以上が出席する白人中心のメソジスト教会では，建物の正面に大きな星条旗が掲げられ，十字架が隠れていた。説教者は慰めを説くと同時に，神は必ず犯人に報復すると訴えた。そして礼拝の中で "God Bless America" が歌われた。町中が星条旗であふれ，外国人，とりわけムスリムに対するヘイトクライムが起きた。

　9月14日，ワシントンD.C.のナショナル・カテドラルでの追悼式で，ビリー・グラハムはこう国民に呼びかけた。「このような悲劇は私たちの祖国を引き裂きかねません。ですが，これは私たちを一つにしました。私たちは家族になりました。私たちを引き裂くためにこのようなことをした加害者たちは，反撃されたのです。なぜなら私たちはかつてないほど結束しているのですから」[1]。そして彼はアメリカの霊的刷新を訴えた。

---

1)　"Billy Graham's Message; National Day of Prayer and Remembrance," https://billygraham.org/story/a-day-to-remember-a-day-of-victory/〔2020年3月10日取得〕

ブッシュ大統領は同じ席上でこう述べた。「この国家的悲劇と個々人が抱える悲嘆に耐えましょう。私たちはやがて癒され，回復します。そしてまたこのようなあらゆる悪に直面した際には，力強さを維持し『神の下に一つの国』（one Nation under God）として結束するでしょう」[2]。

ブッシュは「神」という言葉を巧みに用い

2001年9月11日，航空機の衝突で炎上するニューヨークの世界貿易センタービル。（写真提供：ロイター＝共同）

ることで，キリスト教だけでなくあらゆる宗教の信仰者に愛国心による国民統合の役割を担わせようとした。イスラーム教も，アメリカを攻撃したイスラーム教原理主義とは異なることを表明する限りここに含まれた。ブッシュはテロの直後から，テロリストはイスラーム教の信仰からかけ離れた存在であると述べていた。9月23日にヤンキー・スタジアムで行われた追悼式典では，あらゆる宗教の教職者が次々と登壇し，まるでプロテスタントのキリスト者が祈るようにそれぞれの祈りを捧げた。こうして諸宗教が一致団結してい

---

2)　George W. Bush, "National Day of Prayer and Remembrance for the Victims of the Terrorist Attack on September 11, 2001," https://georgewbush-whitehouse. archives.gov/news/releases/2001/09/20010913-7.html〔2019年8月12日取得〕

る姿が演出されたのである。

　このような動向に反してイスラーム教を「邪悪」と決めつけ物議を醸したのが，ビリー・グラハムの息子フランクリン・グラハムである。彼は9.11直後から繰り返し公の場でイスラーム教を「邪悪な宗教」と断じた。またイスラーム教が改宗を強要し，他の宗教に改宗する自由を奪うものであると批判した。そして「イスラーム教の神はキリスト者が信じる神とは違う」とまで発言している。またジェリー・ファルエルはパット・ロバートソンのテレビ番組「ザ・700クラブ」で，アメリカを世俗化しようとした「異教徒，中絶支持者，フェミニスト，ゲイやレズビアン」ゆえに神は守りのカーテンを引いてしまったので，敵の攻撃を受けるに至ったのだと主張した。ロバートソンもこれに同意した。しかし世論は彼らの意見を不適切だと非難した。

イラク戦争

　ブッシュはこのような過激な発言でひんしゅくを買う宗教右派のリーダーたちとは一線を画し，愛国心を持つキリスト者を牽引する「宗教的な」リーダーに変貌を遂げた。彼は「イスラーム原理主義」の行動をすべて一括りにして「テロ」と呼んだ。[3] そして彼ら

---

3)「イスラーム原理主義」（Islamic fandamentalism）とは，この頃のアメリカのジャーナリズムがイスラーム的な国や社会のあり方を実現しようとする政治活動や過激派に貼った否定的なラベルである。この時代だと，9.11を実行したアルカイーダやアフガニスタンのタリバン，パレスチナのハマースがここに含まれた。このラベルはキリスト教のファンダメンタリズムに由来し，アメリカのムスリムと中東イスラームの過激派を分けるために用いられたが，今ではあまり用いられていない。

を「自由と民主主義の敵」とし，国民を納得させたのである。さらに演説では常に聖書を引用し，神の摂理を信じてテロに対する戦いに向けて国民の士気を鼓舞した。宗教右派や福音派のキリスト者はブッシュのもとに結集した。2001 年 10 月のアフガニスタンのタリバン政権に対する攻撃開始から，2003 年のイラク戦争開始までは実に目まぐるしい展開となった。

　2003 年 3 月，イラク・フセイン政権との戦争が始まった。宗教右派の指導者たちや福音派は当初，この戦争はイラクにキリスト教の道徳に裏打ちされた民主主義と人権をもたらすものであるとして支持を表明した。一方アフガニスタン攻撃の際に世論に押されて煮え切らない態度を示した主流教派は，イラク戦争時にはこれを憂慮する声明を発表した。しかしこうした声明は，圧倒的な戦争支持の前にはインパクトに欠けた。当時人々はこの戦争が長期化し，アメリカ兵の犠牲者が 3400 人にも上るとは思っていなかった。また戦争から帰還した兵士の PTSD（心的外傷後ストレス障害）も大きな問題となった。

　2005 年夏，アメリカ南部をハリケーン・カトリーナが襲った。この際に被災者を守るべき州兵がイラクに出払っていたり，政府の対応が遅かったりしたことなどから，被災者の怒りはブッシュ政権に向けられた。こうしたことからブッシュ政権の支持率は急落した。

バラク・オバマの信仰

　2008 年の大統領選挙を制したのはバラク・オバマであった。両親の離婚後に暮らしたインドネシアで一時期イスラーム教系私立学校に通ったことや，ミドルネームが「フセイン」であることから，

相手陣営から執拗に「隠れムスリム」と揶揄された。しかし彼はハワイで暮らしていた時期にはキリスト教系の私立学校に通い，シカゴ時代にはトリニティ合同キリスト教会牧師のジェレマイア・ライト（Jeremiah Wright, 1941-）の影響で信仰に目覚めた。彼は選挙戦で繰り返し自らの信仰について率直に語り，福音派やカトリックからの支持も獲得した。民主党指名争いでオバマに敗れたヒラリー・クリントンはこの点が苦手であり，2016 年のトランプとの選挙戦でもそれが仇となってしまった。

　オバマがラインホールド・ニーバーの神学書を読み，その社会倫理に相当傾倒していたことは彼のインタビューから明らかである。彼が訴えた「そうだ，私たちは出来る（Yes, we can change!）」はニーバーの「冷静を求める祈り」[4] に通底する思想であった。そして彼は，キング牧師のごとく社会正義の確立と，人種や貧富によって分かたれた国民の統合を演説で繰り返し促した。彼の信条はニーバーのキリスト教現実主義に根差しつつ，キング牧師の目指した白人も黒人もヒスパニックもアジア系も，あらゆる人々を包含した「国民統合」を目指すものであった。

教会における性的虐待

　21 世紀に入ると，男性教職者によって性的虐待を受けた女性や当時子どもだった被害者たちが，長い沈黙を破り声を上げるように

---

4)　「神よ，変えることのできるものは，それを変えるだけの勇気を。変えることのできないものは，それを受け入れる冷静さを与えたまえ。そして，変えることのできるものと，変えることのできないものとを識別する知恵を与えたまえ」。

なった。

　2002 年 1 月，『ボストン・グローブ』紙がカトリック教会ボストン司教区の司祭が 30 年の間にのべ 130 人もの子どもたちに性的虐待を加えて起訴されていたこと，また教区がこれを隠蔽してきたことを報道した。これがきっかけとなってアメリカのみならず，世界中のローマ・カトリック教会で聖職者の性的虐待の被害者が勇気を出して声を上げるようになった。1950 年から 2002 年までの 52 年間で，アメリカのカトリックの司祭 4450 人が性的虐待を行った疑いがあり，その件数は 1 万 1000 にも上ると言われている。裁判費用や慰謝料のために破産保護を申請したカトリックの教区・大司教区もある。

　プロテスタントでも牧師や教会スタッフによる性的虐待が，被害者の勇気ある告白により次々と明らかになった。最近の例を一つだけ挙げると，南部バプテスト連盟の指導者やボランティアおよそ 380 人が性的虐待を行っていたことが明らかになった[5]。1998 年以降の被害者は 700 人以上おり，そのほとんどが子どもであった。加害者のうち何人かがいまだに教会で働いていることに加えて，被害者の声を封じる構造が教会の内部に存在していたため，被害者の多くが本当に長い間沈黙を強いられてきたという。このような被害者の訴えに誠実に耳を傾け，その人の癒しに向けた取り組みを行うことが，キリスト教ひいては宗教にとっての最重要課題と言える。

---

　5)　テキサスの新聞『ヒューストン・クロニクル』および『サンアントニオ・エクスプレス・ニュース』は，2019 年 2 月に「信仰の虐待」という特集を組んだ。その記事で明らかになったことである。『ヒューストン・クロニクル』の特集記事。https://www.expressnews.com/news/en_investigates/abuse-of-faith/［2021 年 12 月 1 日取得］

LGBTQ+ と主流教派の分裂

　プロテスタント主流教派は，70 年代後半から LGBTQ+ をめぐって激しい議論を繰り返してきた。論点は主に（1）同性愛を認められるか，（2）教会は同性間の「結婚式」[6] を行えるか，（3）同性愛者を公言している者を牧師として認められるかであった。80 年代，多くの教会が公的には（1）から（3）までの全てにノーを突きつけていた。例外的にユニテリアン・ユニバーサリストと合同キリスト教会が，この頃からすでに（1）から（3）までを認めていた。90 年代になると多くの教会が，ゲイ・レズビアンの人々が教会に来ることは認めるが，（2）と（3）は認めないという立場を取った（welcome but not affirming）。これに対して都市部を中心にいくつかの教会が同性間の「結婚式」を行ったり，LGBTQ+ の牧師が就任したりしたことが教派全体に衝撃を与えた。

　21 世紀に入ると，主流教派内で（2）と（3）に関して寛容な意見が増加するにつれて，主流教派全体が「リベラル化」していくことに危機感を抱く保守派（あるいは伝統派）の教会が教派から離脱するようになった。教派から離脱するグループは，「同性婚に反対する人々」とまとめられることがあるが，それは表面的な事情に過ぎない。実際には彼らの離脱は，伝統的な教理が教派神学校での教育や毎週の説教において軽んじられていくことや，教会の社会活動の基本方針のリベラル化—— LGBTQ+ だけでなく，移民問題や環境問題など——に危機感を持ってのことなのである。

6）　「結婚式」と括弧をつけたのは，呼び方が wedding であったり，blessing あるいは union であったりと様々だからである。

米国聖公会

2003 年に聖公会ニューハンプシャー教区で，同性愛者を公言している ジーン・ロビンソンが主教に任命された。このことは世界中の聖公会を巻き込んだ議論に発展した。また 2006 年にはキャサリン・ジェファート・ショリが，女性として初めて米国聖公会首座主教になった。さらに 2015 年には同性婚を可能とする教会法規改正を決議した。

2009 年，こうした動きに反対するアメリカとカナダの主教や司祭，信徒のグループが北米聖公会（Anglican Church in North America）を組織した。現在約 15 万人の信徒を擁している。この北米聖公会は米国聖公会とは交流を持たないものの，世界的な聖公会のつながり（アングリカン・コミュニオン）に加わることを希望している。他にも米国聖公会ともアングリカン・コミュニオンとも交流しない分離派もいくつか存在する。

長老派

約 316 万人の信徒と 2 万 1 千を越える教会を有していた米国長老派（PC[USA]）の大会は，1993 年に同性愛者を公言している者の牧師按手を明確に禁じる大会決議を行った[7]。以降米国長老派の大会では，この問題をめぐる議論が続いた。21 世紀に入ると，同性愛者を公言する者の按手や同性間の結婚をめぐる議案が大会では通るが，過半数の中会の承認を得られず廃案になることが繰り返された。

2011 年，米国長老派は牧師按手を「独身で貞潔な人，または異

---

7)　長老派では大会の決議は過半数の中会が承認しなければならない。この時の大会決議は過半数の中会の承認を得られず，廃案となった。

性と結婚した人」に限定する教規（the Book of Order）の文言の削除を決定した。2014 年の大会では，同性間の結婚の司式を行うことが可能となった。そして 2016 年の大会では，ゲイ・レズビアンの長老派信徒にこれまでの差別的な行為を謝罪する決議を行った。

　この決定に賛同できない長老や信徒らは米国長老派から離脱して，2012 年，福音長老派（ECO: A Covenant Order of Evangelical Presbyterians）を結成した。2017 年までに 300 近い教会，約 12 万人の信徒が米国長老派から福音長老派に移った。

合同メソジスト教会

　合同メソジスト教会（UMC）も他の教派と同様，80 年代の終わり頃からこうした問題をめぐりかなり激しい議論を繰り広げてきた。この問題について徹底的に議論する特別総会が 2019 年 2 月に開かれ，同性愛は「キリスト教の教理と相容れない」としたそれまでの立場を維持することが決議された。そして 2020 年 1 月に「分離による和解と恵みの協定案」（Protocol of Reconciliation and Grace through Separation）が示された。この協定案は，LGBTQ+ の教職者や同性婚を認めない伝統派が UMC を離脱して新しい教派を設立することを認め，UMC はそのための費用 2500 万ドルを拠出するというものである。そして伝統派が離脱した後に，UMC は LGBTQ+ の教職者や同性婚を容認可能になるとする。

　この協定案は 2020 年 5 月に予定されていた総会で決議される予定であったが，新型コロナウイルスの感染拡大により延期され，2022 年に予定されている総会で決議される見通しである。目下いわゆる伝統派の多くは，ウェスレアン契約協会（The Wesleyan Covenant Association）を結成して交流を続けている。また「グローバル・メソジスト教会」（Global Methodist Church）という名称が離

脱後の教派名として提案されている（2022 年 3 月現在）。

ローマ・カトリック

ローマ・カトリックは長年，公式には同性愛を「客観的な逸脱」であるとする保守的な立場を貫いてきたが，アメリカの教会内部ではその姿勢は比較的寛容だったように思われる。2019 年のピューリサーチセンターの調査によれば，カトリックの 61% が同性婚を認めるべきであると考えている。ちなみに 10 年前の同じ調査では容認派は 45% だった。2020 年には教皇フランシスコが「同性愛者も家族になる権利を持っている。何者も見放されるべきではない」と述べた。しかし，2021 年 3 月に示された教皇庁の公式見解では，同性婚は祝福できないということであった。

ムスリム人口の増加とグラウンド・ゼロの聖地化

21 世紀に入るとイスラーム圏からの移民が増え，アメリカにおけるムスリム人口が急増した。1990 年から 2008 年までの間に，ムスリム人口は倍増して約 235 万人にも上った。礼拝所の数は 2100 か所を超え，そのうち 1400 か所は 2001 年以降に建設された。ムスリム人口は 2017 年には約 345 万人となり，この勢いで増え続ければ 2040 年までにはユダヤ教を追い抜いて，アメリカ第二位の宗教になるのではないかと言われている。

先にも述べたように，ジョージ・W・ブッシュでさえムスリムに最大の配慮を払った。しかしイラク戦争の思わぬ長期化とムスリム人口の急増を背景に，イスラーム教に「テロリズムの温床」という誤ったレッテルを貼って嫌悪したり，社会から排除したりすることも増えてきた。ムスリムをどう理解し受け入れていくかは，21

世紀のアメリカの宗教文化における大きなチャレンジであると言える。

　そのことを象徴的に表しているのが，2010年に「グラウンド・ゼロ」と呼ばれる世界貿易センタービル跡地から2ブロック離れた場所にイスラームセンターの建設計画が持ち上がった際に起きた反対運動である。

　全米では70％がイスラームセンター建設に反対なのに対して，ニューヨーク市内では48%が賛成，反対は36%に留まった。SNSに掲載された反対派の意見は，グラウンド・ゼロは心の拠り所（heartland）であり，そのすぐそばにモスクを建設することは挑発であり，心を傷つける行為であるというものであった[8]。これに対してニューヨーク・マンハッタン島の住民からは，「私たちはグラウンド・ゼロに住んでいるわけではない……」，「（グラウンド・ゼロから）2ブロック以内がダメだと言ったって，もう2ブロック以内にモスクは2か所ある」といったリプライがあった。

宗教人口の変化── "Nones"の急増，白人福音派の低迷

　21世紀に入るとムスリム人口の急増以上に，特定の宗教に属さない人々── "Nones" あるいは religious nones と呼ばれる──の急増が顕著になった。"Nones" は1990年代には8%だったが，

---

8)　2008年の大統領選で副大統領候補だったサラ・ペイリンの2010年7月19日のTwitterの書き込みを引用。"Peace-seeking Muslims, pls understand, Ground Zero mosque is UNNECESSARY provocation; it stabs hearts. Pls reject it in interest of healing." https://twitter.com/sarahpalinusa/status/18858128918〔2019年8月13日取得〕

2016 年にはアメリカの人口の 4 分の 1（24 ％）にまで急増した[9]。
"Nones" は白人の若い世代に多く，中絶や同性婚といった道徳上の
問題についてリベラルな立場を取る傾向がある。1928 年から 1945
年生まれの世代に占める "Nones" の割合は 10 ％程度である。これ
に対して 1981 年から 96 年生まれの世代では 40 ％となっている。
実はその下の若い世代（1996 年生まれ以降）にも，僅かながらも宗
教に属する層が存在する。しかしそれはムスリムやヒスパニックの
移民による数であり，彼らがアメリカで何世代にもわたって暮らし
てきた人々よりも宗教的であることとも言える。

　"Nones" の急増とともに，白人福音派の凋落も目につく。2006
年にはアメリカの全人口の 23% が白人福音派だったが，2016 年に
は 17% と 6 ポイント減少している。また福音派全体の高齢化も見
過ごしてはならない。今や福音派全体の半数は 50 代以上で，30 歳
以下は福音派全体の 10 人に 1 人という状況である。よって福音派
全体の減少傾向は，主流教派と比べればずっと緩やかではあるが，
今後も続くと考えられる。

神学校の再編

　キリスト教主流教派は "Nones" の増加や教派の分裂により大打
撃を受けた。多くの教会が建物を売却し，牧師をフルタイムで雇え
なくなった。牧師や神父を志す者の数も減少傾向にある。

　神学校には 21 世紀に入って二つの変化が起きた。まず伝統ある
神学校が経営難に直面し，キャンパスの売却や合併を余儀なくされ
ていることである。例を挙げると，組合派の伝統を汲むアンドーヴ

---

9)　The 2016 Public Religion Research Institute survey 参照。

ァー・ニュートン神学校は 2017 年にイェール大学神学部と合併した。またボストン近郊にあった聖公会神学校（the Episcopal Divinity School）は，2016 年にニューヨークのユニオン神学校と合併した。そのユニオン神学校も 21 世紀に入った頃から深刻な経営難に直面しており，再建の途上にある。ここ最近では，神学校の経営難は教派神学校も例外ではない。

　次に神学校での学びは，リアルなキャンパスからヴァーチャル・キャンパスへと重心を移した。そもそも牧師を志す者の多くは仕事を持ち，家族がいる。そのため仕事をしながら神学校で学びたいと考えるようになった。そしてインターネットがこれを可能にした。印象としては福音派の神学校がいち早くそうした変化を遂げ，主流教派の神学校がそれに続いている。例えばフラー神学校は，パサデナのキャンパスの売却を真剣に検討していた。その理由の一つがオンラインで授業を受ける学生が増え，都市部にキャンパスを持つ必要がなくなったことであると言われている。

アメリカはモルモン教徒を大統領に選べるか？

　2012 年の大統領選挙では，モルモン教徒のミット・ロムニー（Mitt Romney, 1947-）が共和党候補となり，現職のオバマと争った。同年 3 月の世論調査によると，アメリカ人の 3 人に 1 人がモルモン教に対して「好ましくない」イメージを持っていた。かつてケネディもローマ・カトリック教徒であることから選挙戦で苦杯を嘗めたが，それ以上の逆風が予想された。ロムニーがそれをどうかわすのか，保守的な福音派が誰を支持するのかに注目が集まった。

　ロムニーは自身の信仰よりも，経済政策や同性婚・中絶の問題を前面に押し出して福音派の支持を獲得しようとした。彼は同年 5

月，キリスト教保守派の牙城リバティ大学での演説で，「あなたが
たと，私のように異なる信仰を持つ者同士も，共通の目的のもとに
集える」道を見出すことができると訴えた[10]。

　同年 10 月，ビリー・グラハムとその息子フランクリンがロムニ
ーと会見し，ロムニー支持を表明した。グラハム親子はこの会見に
より福音派に，モルモン教がキリスト教かどうかという議論より
も，中絶や同性婚といった道徳上の問題を基準にした判断を促した
のである。白人福音派の 8 割近くがロムニーを支持したが，彼は
この選挙戦でオバマに敗れた。

　レーガンが勝利した 1980 年の大統領選挙以降，福音派は候補者
自身が模範的なキリスト者であるか否かよりも，自分たちの道徳的
価値観——特に中絶や同性婚への反対——をその候補者も重視して
くれるかどうかに注目して投票するようになった。その点を踏まえ
れば，この福音派の投票行動は驚くべきものではない。

メガチャーチと「成功の福音」

　21 世紀に入って急成長を続ける「メガチャーチ」は，福音派の
「進化形」である。メガチャーチとは毎週の礼拝出席者数が 2000
人を超える教会のことである。多くのメガチャーチは優に 1000 人
は収容できる礼拝堂を中心に，体育館やスポーツジム，音楽室，教
室，カフェ，ブックストアなどを含んだ複合施設となっている。そ
こでは保育園や聖書研究会，スポーツ教室，音楽教室，カウンセリ

---

　10)　この演説の全文は https://www.businessinsider.com/heres-the-full-text-of-
mitt-romneys- liberty-university-commencement-address-2012-5［20120 年 4 月
1 日取得］を参照。

ヒューストンにあるレイクウッド教会

ング，ビジネスマンのための朝食会といった多種多様なプログラムが提供されている。

また，メガチャーチは，伝道との線引きがあいまいではあるが，社会活動にも意欲的である。ホームレスのためのスープキッチンや，薬物依存からの回復プログラム，低所得者のための職業訓練プログラム，国際支援活動まで行っている教会もある。

　メガチャーチは「ショッピングモール」に譬えることができる。まず，そこへ行けば何曜日であれ，丸一日過ごせる。次に，出席者はわざわざ遠くから車でやって来る。そんなわけで，ショッピングモールが近隣の小売店を潰してしまうのと同様に，メガチャーチも近隣の小さな教会やキリスト教団体に打撃を与える。これに加えてメガチャーチには「単立」が多く，もともと属していた教派から独立した教会も少なくない。こうなると主流教派のみならず，福音派の伝統的な教派も先細る。つまり，メガチャーチは「宗教離れ」が進む中であらゆる世代の人々を教会に集めているように見えて，実はキリスト教そのものの衰退を招きかねない。

　メガチャーチに出席する人の数は1990年の時点では約85万2千人であったが，2000年には255万人，2005年に約400万人，2010年に約550万人，2017年には約700万人にまで増えている。

レイクウッド教会のスタジアム型礼拝堂

メガチャーチの信徒には中産階級の若い世代が多い。21 世紀に入ってアフリカンアメリカン教会のメガチャーチ化も増加している。

　まるでショーのようなメガチャーチの礼拝で，牧師はどのような説教をするのだろうか。メガチャーチは教派に属していないのだから，カルヴァン主義やウェスレアン主義といった伝統的信仰を語る必要はない。聴衆が聴きたいメッセージだけを語ればよいのである。それこそが「成功の福音」(the prosperity gospel) である。

　「成功の福音」は自分自身を肯定し，人生の成功を神の祝福のしるしとする。まさにメガチャーチの神学とも言える。イエス・キリストを信じる者は，癒しのみならず富をも得られるというのである[11]。富者の富を労働者からの搾取の結果として否定的に捉える考

---

11)　その根拠として「わたしが来たのは，羊が命を受けるため，しかも豊かに受けるためである」（ヨハネによる福音書 10 章 10 節）が用いられる。

え方に対して，「成功の福音」は富を神からの祝福のしるしとして肯定する。この考えによれば，トランプは神から祝福された者ということになる。『タイム』誌の2006年の記事によると，アメリカのキリスト者の17％が「成功の福音」を支持し，61％は神は成功することを望んでおられ，31％は多額の献金をする者に神はより多くの恵みを与えると考えている[12]。

　ビリー・グラハムあたりまでのリバイバリストたちが罪から救われるために悔い改めよと叫んだのとは真逆のようにも思えるこの「成功の福音」の下地は何だろう。直接のルーツとして最初に挙げられるのは，1950年代にベストセラーになったノーマン・V・ピール牧師（Norman Vincent Peale）の『積極的考え方の力』(*The Power of Positive Thinking*, 1952) である。ピールはこの著書の中で，物事をポジティブに考えられる人には成功と平安が約束されると述べている。ドナルド・トランプは青年時代にこのピールに心酔し，ピールもトランプの成功を祝福した。

　ロサンゼルス近郊の有名なクリスタル・カテドラル教会（2010年に破産）を創立したロバート・シュラー（Rober Schuller, 1926-2015）も，この路線を引き継いで「積極思考」（possibility thinking）を提唱した。彼の著作『いかにして自分の夢を実現するか』(*Success is Never Ending, Failure is Never Final*, 1990) の日本語訳を監訳したのは，日本を代表する実業家・稲盛和夫である。

　ピールやシュラーの著作は自己啓発本の類である。それに対して，ロサンゼルスのメガチャーチ，サドルバック教会の創立者リック・ウォレン牧師（Rick Warren, 1954-）の『人生を導く5つの目的

---

[12]　David van Biema and Jeff Chu, "Does God Want You To Be Rich," *Time*, Sep 10, 2006, 50.

──自分らしく生きるための 40 章』（*The Purpose Driven Life: What on Earth Am I Here For?* 2002）はディボーション（日々の黙想）のための本ではあるが，同じ路線の本と言っていい。

キリスト教シオニズム

　次に挙げる 21 世紀の福音派の特徴はキリスト教シオニズムである。実はキリスト教シオニストは 19 世紀ごろから存在したが，ジョージ・W・ブッシュの時代からその動向が注目されるようになった。キリスト教シオニズムは第 8 章で説明したディスペンセーショナリズムに基づいている。彼らによれば，ユダヤ人を聖地に帰還させると世界最終戦争が起きる。そしてキリストが再臨し，3 分の 1 のユダヤ人はイエスをメシアとして認め，3 分の 2 は滅びる[13]。したがって彼らはユダヤ人国家であるイスラエルが建国された時から，エルサレムがイスラエルの首都に認定されることを強く望んでいた。

　この動きの中で現在最も注目されているのが，テキサス州サンアントニオのメガチャーチの牧師ジョン・ヘイギー（John Hagee,

---

[13]　ゼカリヤ書 13 章 8 節が根拠とされる。ヤコブ・M・ラブキン「シオニズム・イデオロギーの宗教的根源　現代イスラエルの成立と展開における，キリスト教シオニストの役割」『キリスト教学』55 号（2013 年）: 221-242 頁（特に 227 頁）。Philip Bump, "Half of Evangelicals Support Israel Because They Believe It is Important for Fulfilling End-Times Prophecy," *Washington Post*, May 14, 2018. https://www.washingtonpost.com/news/politics/wp/2018/05/14/half-of-evangelicals-support-israel-because-they-believe-it-is-important-for-fulfilling-end-times-prophecy/?noredirect=on&utm_term=.528ae48740be〔2019 年 1 月 5 日取得〕

1940-）である。彼は 2006 年に最大のキリスト教シオニスト組織である「イスラエルのためのキリスト教徒連合」（Christians United For Israel, 略称 CUFI）を結成し，ロビー活動を展開している。彼はアメリカ・イスラエル公共問題委員会（American Israel Public Affairs Committee, 略称 AIPAC）も一目置く存在である。

ヘイギーはイザヤ書 11 章 12 節を引用してユダヤ人のイスラエルへの入植を支持した。また，それに抵抗するパレスチナ人をイスラエルが攻撃することも支持した。そしてこれに対して批判的なオバマには「反ユダヤ主義」のレッテルを貼り，トランプを支持した。

トランプと白人福音派

ドナルド・トランプがヒラリー・クリントンを破った 2016 年の大統領選では，白人福音派の 81% とカトリックの 52% がトランプを支持したことが目を引いた。これがトランプの勝利を決定づけたとも言われている。

トランプがクリスチャンでないとは言わない。ノーマン・ピール牧師の影響を受け，聖書も読む（らしい）。しかし離婚と不倫を繰り返し，当初は中絶や同性婚についても曖昧な立場を取っていたトランプを，福音派が支持するはずがない——誰もがそう思っていた。

流れが変わったのは，トランプが共和党候補に決まった直後の 2016 年 6 月である。トランプは福音派のリーダーたちと会談した。そしてトランプは彼らにホワイトハウスへの「絶対的なアクセス権」を約束した。これで一つの流れが出来た。フランクリン・グ

ラハムは，トランプを「神の男」と呼び手放しで称賛した。またレ
ーガン大統領を生み出したジェリー・ファルエルの息子でリバティ
大学の学長だったジェリー・ファルエル Jr. はもともと熱烈なトラ
ンプ支持者だったが，ますます彼に傾倒していった [14]。

　7 月にトランプがマイク・ペンスを副大統領候補に選ぶと，白人
福音派のトランプ支持率は 61% に跳ね上がった。ペンスはカト
リックの家庭に生まれたが，大学時代に「ボーン・アゲイン」を経験
して「教派に属さない福音派」（non-denominational evangelical）とな
った。彼は一貫して同性婚に反対し，悪名高き転換療法を支援して
きた。ペンスは自身を「まずキリスト者，次いで保守主義，共和
党」と称して白人福音派の心を鷲摑みにした。また，カトリック保
守層も彼を支持した。

　なぜ白人福音派はトランプに投票したのだろうか。この背景には
まず白人福音派の「焦り」がある。自分たちが確実に高齢化してい
く中，若者たちはどんどん "Nones" になっていく。ヒスパニック
やムスリム移民が増え，プロテスタントのキリスト者がマイノリテ
ィに転じるスピードは上がる一方。福音派はやがて，アメリカのマ
イノリティになってしまう。そういう危機感が彼らをトランプへの
投票に駆り立てた。

　次に，白人福音派は候補者の信仰を重視するよりも，「中絶と同
性婚の阻止と親イスラエル」を約束し，その約束を確実に守る候補
者を選ぶようになっていた。これは彼らがレーガンやロムニーを支
持したことからも明らかである。この時にはさらに，フランクリ
ン・グラハムやファルエル Jr. は，トランプが振り出した約束手形

---

14)　前述したように，彼は 2020 年にスキャンダルでリバティ大学学長を辞
職。

を様々な形で裏書きして白人福音派の票をまとめた。

白人福音派との約束を着実に果たしたトランプ

　トランプは白人福音派との約束を忠実に守った。この点がレーガンやジョージ・W・ブッシュと決定的に違った[15]。トランプが白人福音派のリーダーたちに約束したホワイトハウスへの絶対的なアクセス権は，彼の在任中，最後まで守られた。

　まず国内政策に関してトランプは，ジョンソン修正条項を撤廃した。これにより保守的なキリスト教団体の資金が，保守的な政治団体に無制限に流れるようになった[16]。

　また彼は任期中に3人の保守的な判事を最高裁に迎え，長らく保たれていた最高裁の保守・リベラルの均衡を崩した。そのうちの一人，ブレット・カバノーには性的暴行の疑惑があり反対の声が主に女性たちから上がったが，トランプは極めて下品な嘲笑をもって一蹴した。さらにトランプは再選を目指した選挙戦の最中の2020

　15）　例えばレーガンは中絶の規制と学校での祈祷の復活を福音派に約束した。またジョージ・W・ブッシュも中絶と同性婚の議論を終わらせると福音派に約束した。しかしレーガンもブッシュもこうした約束を果たさず，最後には福音派に見放されている。

　16）　「ジョンソン修正条項」(the Johnson Amendment 1954) とは，免税措置を受けている宗教団体や非営利団体の政治活動を禁止するものである。これによって教会による政治活動は制限された。それに対して保守的な宗教団体から不満の声が上がっていた。トランプ大統領は「言論と信教の自由を促進する大統領令」(Presidential Executive Order Promoting Free Speech and Religious Liberty 2017) に署名した。これにより保守的な宗教団体が中絶反対や同性婚反対といった政治活動を行いやすくなった。

年 9 月，リベラルで有名だった最高裁判事ルース・ベイダー・ギンズバーグが亡くなると，中絶反対を公言してきたエイミー・コーニー・バレットを後任に据えた。これで最高裁判事のパワーバランスは保守 6 人，リベラル 3 人となった。連邦最高裁判事は終身制なので，同性婚や中絶問題について連邦最高裁がリベラルな判決を下す可能性は当面ほぼなくなった。

　そして外交政策に関しては，何をおいても親イスラエル政策である。2018 年の在イスラエルアメリカ大使館のエルサレム移転によるエルサレムの首都認定，2019 年のゴラン高原に対するイスラエルの主権認定に注目が集まった。他にもイラン核合意からの離脱や，トルコの牧師拘束問題の解決が挙げられる。中東政策は常に CUFI のようなキリスト教シオニストらと相談した上で進められたという。

　またペンスも数々の演説で，国内の信教の自由や言論・学問の自由を認めないとして中国を厳しく批判し，「邪悪な中国共産党」に対する闘いを宣言した。アメリカの保守派は中国＝社会主義の拡大に対して強い危機感を持っているので，ペンスの訴えは彼らの歓心を買うことができた。またトランプ政権の「人権」を前面に押し出した中国政策も，中国での伝道の機をうかがう福音派の支持を得た。

　2020 年の大統領選でも，白人福音派はトランプの岩盤支持層だった。やや減ったものの 60% 以上の白人福音派がトランプを支持し続けた。トランプ支持の理由は，その国内政策だけではなかったように思われる。ある牧師がこうつぶやいた。「彼の評価はどうあれ，この 4 年間戦争はなかった。オバマの時代だって戦争が続いたのに……」これがイラク戦争以降ずっと戦争が続いていたアメリカの本音かもしれない。

宗教の自由か？　差別か？

　2012 年，オバマ大統領が同性婚を支持した。彼はテレビのインタビューでこう述べた。「私たち（バラクとミシェルを指す）は 2 人ともクリスチャンであり，この（同性婚支持の）立場は一部の人たちの見解と相容れないと見なされることもあるだろう。だがこれは同時に，『自分がしてもらいたいと思うような扱いを他人に対してもする』という黄金律（マタイによる福音書 7 章 12 節）に沿ったものだ」[17]。さらに 2015 年には，連邦最高裁が同性婚を認める判決を下した。

　これに反対する人々は，「宗教の自由回復法」（Religious Freedom Restoration Act）を成立させる運動を各州で展開し，南部や中西部の多くの州がこの州法を可決した。この州法は「信仰の観点から重荷になることを拒否する権利」を認めるものである。例えば同性間の結婚式のためにケーキや花束を注文されたとしても，店主は信仰を理由にこれを拒否できるのである [18]。

　先陣を切ってこの法案に署名したのが，当時インディアナ州知事だったマイク・ペンスである。これにより LGBTQ+ に対する差別を認める形となった。

　17）　「オバマ大統領，同性婚支持を公に表明 米大統領として初」*AFPBB-NEWS*, 2012 年 5 月 10 日。https://www.afpbb.com/articles/-/2877044〔2021 年 8 月 12 日取得〕

　18）　2022 年 3 月の時点で「信仰を理由に同性婚のウェディングケーキや花束のサービスを拒否できるか」をめぐる裁判が継続している。

バイデンの登場

　2020 年の大統領選でトランプを抑えて勝利したジョー・バイデンは，ジョン・F・ケネディに次ぐ，二人目のカトリックの大統領である。ケネディはその宗教的背景ゆえに苦戦したが，バイデンが同じ問題に直面することはなかった。人々はプロテスタントかカトリックかよりも，中絶や同性婚に関する方針に関心を持っていた。

　バイデンは副大統領に，アジアとアフリカンアメリカンの背景を持つカマラ・ハリスを指名した。彼女は幼い頃はバプテスト教会に通い聖歌隊にも参加していたが，家族の宗教的背景は様々であると言われている。まさに宗教の多元化が進んだアメリカの現状を体現している。

　選挙では白人福音派の 76 ％がトランプに投票した。前年，穏健な福音派を代表する雑誌『クリスチャニティ・トゥデー』がトランプ不支持を表明するなど，白人福音派の中にトランプ離れが見られたにも関わらず，まだ多くの支持者がいた[19]。これに対してバイデンは，カトリックの半数に加えて，有権者の 4 分の 1（白人福音派とほぼ同数）を占める "Nones") の 7 割の支持を得た。

【調べてみよう，話し合ってみよう】
• アメリカの状況を日本の宗教的意識や行動と比較しながら，信仰心が薄れ "Nones" が増加している近年のアメリカの若者の状況

---

19)　個人的な印象であるが，世論調査の「白人福音派」の定義について検証する必要があると考えている。この世論調査の「白人福音派」には，トランプを支持するアメリカ白人のアイデンティティを強く持つ人が「保守的なアメリカ人」という意味で，熱心に教会に通っているわけでもないのに「白人福音派」を自称していたケースも少なからず含まれていないだろうか。

を考察してみよう。

- 2012 年，2016 年，2020 年の大統領選挙での白人福音派の投票
行動の変化を調べ，その背景を話し合ってみよう。

【より深く学ぶために】

松本佐保『熱狂する「神の国」アメリカ　大統領とキリスト教』
（文春新書）文藝春秋，2016 年。

松本佐保『アメリカを動かす宗教ナショナリズム』（ちくま新書）
筑摩書房，2021 年。

小泉明子『同性婚論争——「家族」をめぐるアメリカの文化戦
争』慶應義塾大学出版会，2020 年。

あとがき

　1986 年，私はワシントン州の高校に交換留学した。アメリカ史は私にとって最難関のクラスだった。電話帳のような教科書に腰を抜かし，宿題の多さに泣いた。アメリカ史のピーチ先生は宿題を減らしてくれなかったが，アニータという優等生にノートを貸してもらえるように頼んでくれた。ピーチ先生の授業が楽しかったからか，アニータのおかげか，私は一年で歴史が好きになった。

　1997 年，バークレーにある神学校に留学した。最初の学期にエルドン・エルンスト先生のアメリカ・プロテスタンティズムを履修した。授業は火曜 18 時半から始まる。ほとんどの学生が仕事帰りで，みんな何か食べながら授業を受けていた。受講生の半分くらいはアフリカンアメリカンだった。LGBTQ+ の学生もいた。学生が属している教派も色々だった。授業後半でディスカッションをするのだが，受講生は講義内容を自分の教会のルーツや直面している問題と結びつけて理解しようとしていることに感動した。エルンスト先生の質問もコメントも鋭かった。歴史の学びは宣教の課題を考察するのに欠かせないものと思った。私は授業のディスカッションに飛び込めなかったのだが，ビルというアフリカンアメリカンのキャンパスミニストリーをしていた学生がいつも助けてくれた。こうしてアメリカ・キリスト教史の本が書けたのは，私にアメリカ史の素地を作ってくれたピーチ先生とエルンスト先生のおかげでもあり，アニータとビルのおかげでもある。

　さて，一冊の本は著者一人によるものではない。多くの方のご尽力があって，はじめて出版にいたる。ここで名前を挙げることができるのは，お世話になった方々のほんの一部である。

　キリスト新聞社の金子和人さんと桑島大志さんには，大変お世話になった。金子さんと最初にお目にかかったのは，神戸の高校や大学で非常勤講師をしていた「浪人」時代に，栗林輝夫先生の研究室においてである。もう17年も前である。本書は桑島大志さんが担当して下さった。私の筆が遅いだけでなく，想定外のこともあったが，その度に励ましていただいた。

　本書の校正をミュンヘン在住の長石美和さんにお願いした。『シネマで読むアメリカの歴史と宗教』から今まで，本当に長くお世話になっている。今回もていねいに読んでいただき，文章の不明なところを直していただいた。

　前著『アメリカのキリスト教がわかる』を出版して以来，神戸松蔭女子学院大学（キリスト教史2）や，名古屋学院大学（キリスト教と歴史），南山大学（アメリカ思想・宗教研究），愛知教育大学（アメリカ文化史），関西学院大学（人文演習）といった大学・大学院で，様々な授業名でアメリカ宗教史を担当することができた。コーディネーターの先生方，そして授業に出席し課題に取り組んでくれた学生の皆さんに心から感謝を申し上げる。特に南山大学大学院の授業でのディスカッションや課題レポートは，私にとって本当に有益であった。また学生との共同作業を通して，前著の説明不足な点が明らかとなった。

　恩師である栗林輝夫先生に特別な謝意を捧げる。栗林先生には前著『アメリカのキリスト教がわかる』の出版のチャンスをいただいた。2015年に亡くなられる前に，先生から前著の修正すべき点をご指摘していただくことがあった。また，研究室と法学部資料室に

アメリカ神学や宗教史に関する多くの資料を残して下さった。

　最後に執筆中の私を支えてくれた家族，中井珠惠そして大宮幸慈に「ありがとう」を伝えたい。

2022 年 3 月 11 日（東日本大震災から 11 年目の日）

大　宮　有　博

西暦	主な出来事	世界
1607	イギリス人がヴァージニアに入植した。	江戸幕府の成立（1603年）
1620	メイフラワー号に乗った分離派ピューリタン，プリマスに上陸した。	最初のアフリカ人が奴隷としてヴァージニアに連れてこられる（1619年）
1630	非分離派ピューリタンによるマサチューセッツ植民地の建設が始まる。	
1636	ハーヴァード大学が設立された。ウィリアムズはプロヴィデンスを建設した。	
1681	ペンがペンシルヴァニア植民地を建設した。	
1730年代	W・テネントの「丸太小屋大学」出身の牧師が，長老派信仰復興の基礎となった。	
1734-45	ジョージ・ホイットフィールドとジョナサン・エドワードによる大覚醒。	アメリカ合衆国が独立を宣言（1776年）
1791	「政教分離」「宗教の自由」を定めたアメリカ合州国憲法修正第1条が発効された。	フランス革命（1789年）
1810	アメリカ海外宣教委員会——アメリカン・ボード——が組織された。	
1816	アランが最初のアフリカン・アメリカンの教派のアフリカ・メソジスト監督教会を設立した。	
1821	フィニーが回心をし，信仰復興運動（リバイバル）が開花する。	
1830	ジョセフ・スミスがモルモン教会を組織した。	モリソン号事件（1837年）
1844	W・ミラーは，1844年10月22日にキリスト再臨があると信じたが，その日にキリストの再臨はなかった。	「明白なる天命」がブームになる。テキサス併合（1845年）

西暦	主な出来事	世界
	メソジストおよびバプテストは奴隷制をめぐって南北に分裂した。	
1851	カナダのモントリオールとボストンにYMCAが設立された。	ペリー，浦賀に来航（1853年）
		J・C・ヘボン，S・R・ブラウンの日本宣教開始（1859年）
		南北戦争（1861-65年）
		初めて日本人（元年者）がハワイへ移民（1868年）
1870年代	ドワイト・L・ムーディが，音楽の才能に恵まれたイラ・D・サンキと組んで，大衆伝道を全米各地で本格的に開始した。	
1870-1920	社会福音など，教会による社会改良の取り組みが盛り上がる。	
1878	「ナイアガラ信条」は，聖書の無謬性や伝統的な信仰の堅持を確認し，現在のディスペンセーションにある世界は回心することなく，イエス・キリストが千年王国を到来させるために再臨することを宣言する。	
1879	エディ夫人によってクリスチャン・サイエンスが創立された。	
1885	組合派牧師J・ストロングが『わが祖国』を著して，アメリカ膨張論をキリスト教の立場から支持した。	米西戦争の結果，フィリピン，プエルトリコなどを獲得。ハワイ併合（1898年）
1906	カンザス州トペカ市，カリフォルニア州ロサンゼルス市のアズサ・ストリートで開かれたリバイバル集会で「異言」が語られ，ペンテコステ運動が始まる。	エディンバラ「世界宣教会議」（1910年）

西暦	主な出来事	世界
1907	W・ラウシェンブッシュが『キリスト教と社会の危機』を出版した。	
1908	全米キリスト教協議会が結成された。	
1914	アッセンブリーズ・オブ・ゴッド教団が組織された。	憲法修正第18条（禁酒条項）公布（1919年）
1925	スコープス裁判が争われた。	
1942	全国福音同盟が結成された。	広島，長崎に原爆投下（1945年）
1950年代	プロテスタントの主流教派が女性に牧師としての接手を行うようになる。	世界教会協議会の設立（1948年）
1955	モントゴメリーのバス・ボイコット闘争から公民権運動が本格化した。	
1962-1963	公立学校で礼拝や聖書を読むことを義務づけることを禁止する判決が連邦高裁から出た。	ジョン・F・ケネディがローマ・カトリック初の大統領に就任（1961年）
1968	マーティン・ルーサー・キングJr.が暗殺された。	第二ヴァチカン公会議（1962-65）
1979	モラル・マジョリティが結成された。ここから宗教右派が台頭した。	ジミー・カーターが大統領に就任（1977年）
1980年代	テレヴァンジェリストと宗教右派の時代。	米ソが冷戦終結を宣言（1989年）
		湾岸戦争（1991年）
2003	同性愛を公言するジーン・ロビンソンがニューハンプシャー教区の主教に就任。	ニューヨーク，ワシントンD.C.で同時多発テロ事件（2001年）
2011	米国長老派大会は同性愛を公言する人々の牧師按手を可能とする教規の変更を承認した。	ドナルド・トランプが大統領に就任（2017年）

事項索引

A-Z

LGBTQ+ 3, 7, 218, 234-237, 264, 266, 280, 283

Nones 228, 268, 269, 277, 281

PTL クラブ 250

YMCA 208, 209

YWCA 4, 168-169

あ

アーミッシュ 40, 115

アズサ・ストリート・リバイバル 189-191

アッセンブリーズ・オブ・ゴッド教団 192, 243

アメリカ海外宣教委員会 72, 139, 143

アメリカ合衆国カノン的正教会主教会議 125

アメリカ教会協議会 117, 223

アメリカ国内伝道協会 72, 137, 139, 182

アメリカ正教会 124

アメリカ聖書協会 72-73

アメリカ・トラクト協会 72, 75

アメリカ日曜学校同盟 72, 74

アメリカ・バプテスト国内伝道協会 84

アメリカ福音ルター派教会 117-119

アメリカ仏教会 133

アメリカ平和協会 207

アメリカン・バプテスト同盟 84-85

アメリカンボード 5, 72, 139-140, 143-145, 148-149

アライアンス教団 188

アルミニウス主義 8, 30, 59-61, 66

アンドーヴァー神学校 89, 139, 143, 165, 184

い

イェール大学 45-47, 76, 158, 165, 184, 204, 216, 270

イエズス会 41, 141-142, 226

イギリス国教会 20, 23-26, 35-36, 38, 42, 49, 51, 53-56, 61-62, 64-65, 69-70, 73, 176

イスラーム教 5, 22, 42, 96, 131, 227, 228, 259-261, 267

移民 5, 52, 58, 114-116, 119-121, 124-130, 133, 141, 157, 159, 161, 174, 176, 192, 194, 209, 218, 228, 244, 264-267, 269, 277

インディアン福音伝道協会 139

う

ウェストミンスター神学校 199

ウェスレアン契約協会 266

ウェスレアン・メソジスト 85, 186

え

エホバの証人 154-155, 257

お

オーバリン大学 78-81

オーラル・ロバーツ大学 222

オールドサイド 56-57, 82

オランダ改革派 52, 54, 58, 143

か

合衆国長老派教会 58, 83

カトリック 5, 19, 23-25, 29, 32, 38, 40-43, 52, 65-66, 96, 114-115, 119-123, 125, 141-142, 161-162, 171, 174-175, 208-209, 211, 216-217, 221, 226-228, 231, 238-239, 244-246, 262-263, 267, 270, 276-277, 281

カトリック労働者運動 216-217

神の教会 188

カラード・メソジスト監督教会 106

カルヴァン主義 8, 24, 29, 30, 33, 37, 40, 45-46, 51-52, 57-61, 66, 78, 82, 88-90, 195, 197, 199-210, 225, 273

完全相互陪餐 118, 227-228

監督制 62, 85, 175, 223-224

カンバーランド長老派 82

人名索引

著者略歴

大宮有博 (おおみや・ともひろ)

1970 年大阪生まれ。1995 年関西学院大学大学院神学研究科博士前期修了。1999 年 Graduate Theological Union（MA 取得）。2003 年 London Bible College（現 London School of Theology）（Ph.D. 取得）。(1999 ～ 2003 年まで Asbury Theological Seminary にて博士研究員）。名古屋学院大学教員を経て，現在，関西学院大学法学部宗教主事・教員。

著書 『アメリカのキリスト教がわかる――ピューリタンからブッシュまで』（キリスト新聞社，2006 年)，『シネマで読むアメリカの歴史と宗教』（共著，キリスト新聞社，2013 年)。

訳書 ノルベルト・ローフィンク『反貧困の神――旧約聖書神学入門』（キリスト新聞社，2010 年)。

装丁 長尾 優

アメリカ・キリスト教入門

2022 年 5 月 25 日 第 1 版第 1 刷発行 © 2022
2024 年 4 月 25 日 第 1 版第 2 刷発行

著者 大 宮 有 博
発行所 株式会社 キリスト新聞社
〒 162-0814 東京都新宿区新小川町 9-1
電話 03-5579-2432
URL. http://www.kirishin.com
E-Mail. support@kirishin.com
印刷所 新生宣教団

ISBN 978-4-87395-802-6 C0016 （日キ版） Printed in Japan

キリスト新聞社
「関西学院大学キリスト教と文化研究センター（RCC）」シリーズ

キリスト教で読み解く世界の映画 −作品解説 110 −

RCC 編
A5 判・166 頁・1,800 円

気鋭の神学者、現役牧師たちが世界各国の映画を、キリスト教的視点から徹底考察。アクション、SF、ホラー、サスペンス、ミステリー、コメディ、ロマンス、ドキュメンタリー……映画に秘められたキリスト教的背景がわかると、映画はもっとおもしろい！

エコロジカル聖書解釈の手引き

RCC 編
四六判・104 頁・1,500 円

新しい視点で聖書を読む！
神、自然、人が調和のうちに生きるために。聖書を深く読むと見えてくる、「極めて良かった」世界を回復するための聖書学。「地を治めよ」（創世記 1：28）と神に造られた人間として、神と被造物の声を聖書から聞き、21 世紀の環境問題を、聖書から考えるためのはじめの一歩。

ことばの力 −キリスト教史・神学・スピリチュアリティ−

RCC 編
四六判・208 頁・1,600 円

現代社会における「ことばの力」の回復を目指して。神学・社会学・歴史学・宗教学を探求する 7 人の研究者がそれぞれの立場から、現代におけるキリスト教と「ことばをめぐる諸問題」に、歴史、組織・実践神学、スピリチュアリティの視点から立ち向かう。

現代文化とキリスト教

RCC 編
四六判・208 頁・1,800 円

「キリスト教と文化の深い関わりを読み解き、新しい発見へ」現代文化におけるキリスト教的表現、ポップ、サブ・カルチャーにおけるキリスト教理解を分析し、現代社会におけるキリスト教の受容と変容について明らかにする。

自然の問題と聖典 −人間の自然とのよりよい関係を求めて−

RCC 編
四六判・316 頁・2,400 円

人間と自然との関係を聖典がどう捉えているか。宗教が自然の問題にどう答えるか。「旧約聖書における自然災害」など全 9 編の研究成果を収録。

聖典と現代社会の諸問題 −聖典の現代的解釈と提言−

RCC 編
四六判・266 頁・2,200 円

同性愛、環境問題、戦争と平和、臓器移植、死と命、生命倫理、格差社会……。現代社会に起こっている重要な問題について、それぞれの聖典の立場から提言し、宗教間対話を行う。

聖書の解釈と正典 −開かれた「読み」を目指して−

RCC 編
四六判・170 頁・1,500 円

キリスト教が現代の様々な問題に取り組み、発言するときに、聖典である聖書の読み方がどう機能するのか、あるいは機能していくべきか。解釈学から正典論まで、今日の聖書学における課題・限界、そして新たな発展を考える。

重版の際に定価が変わることがあります。価格は税別。